Un Día Malo

Perdonando, Olvidando, y Siguiendo Adelante Cuando Los Momentos Mas Oscuros De La Vida Te Dejan Sin Nada

GEORGE PANTAGES

George Pantages Ministries

FINES FEBRERO

Derechos reservados © 2008 por George Pantages

Un Día Malo
Por George Pantages

Titulo original del la obra en ingles:
An Evil Day
Copy right © 2007 por George Pantages

Impreso en los Estados Unidos de América

ISBN 978-0-9827695-3-9

Todos los derechos reservado solamente por el autor. El autor garantiza todo el contenido es original y no infringe en los derechos legales de ninguna persona o trabajo. Este libro no puede ser copiado ni reproducido en ninguna forma sin el permiso del autor. Las opiniones expresadas en este libro no son necesariamente las mismas de la editorial.

A menos que se indique otra cosa, las referencias bíblicas incluidas en este libro corresponden a la versión Reina Valera, Revisión de 1960. Usada con el debido permiso.

Dedicatoria

Este libro está dedicado a dos personas muy especiales que me ayudaron a través de mi día malo. En primer lugar a mi madre, Amelia Gómez, quien falleció en marzo del año 2006. Poco imaginó que todo el sufrimiento que soportó durante su propio matrimonio, fuera sólo una preparación para que aconsejara a su hijo número uno, cuando más lo necesitó. Literalmente, con un hombro en que llorar, ella me encaminó por las experiencias más difíciles que nadie se podría imaginar. Gracias madre por toda tu ayuda y ánimo. No lo podría haber logrado sin ti. ¡Te veo en el cielo!

A la segunda persona que me gustaría agradecer es a mi hijo Timothy (Buster). Mientras me separaba de su madre, siempre estuvo a mi lado aun cuando sufriera tanto o mucho más que yo. Fue el único que me vio cuando pasaba por lo peor e igual que el Señor, aún me ama. Gracias Buster por no abandonar nunca a tu padre.

Mi muy sincera apreciación a…

Mis tres hijos Timothy, Stephanie, y Christi. Ustedes son el tesoro más grande que un padre pudiera tener. Cada uno de ustedes me han tocado muy diferente y tan profundamente que vivir sin ustedes seria inconcebible.

Los siervos de Dios que me ayudaron durante *"El Día Malo"*.

Pastor Joe Aguilar, Pastor Obed Aguilar, Bishop Julian Aguirre, Pastor Lupito Arroyo, Pastor Richard Galaviz, Pastor Benjamín Guerra, Bishop Daniel Jauhall, Pastor Ignacio Leon, Pastor Richard Meza, Bishop Samuel Valverde.

Las adorables mujeres que ayudaron a revisar y traducir este libro, Diana Alvarez, Kim Smith y Dannia Yepiz. Su ayuda fue completamente invaluable.

INFORMACION DE CONTACTO

George Pantages Ministries

George Pantages
Cell 512 785-6324
geopanjr@yahoo.com
Georgepantages.com

Índice

Capitulo 1
SIMPLEMENTE NO ENTIENDO   9

Capitulo 2
SOLO HAZLO 21

Capitulo 3
CUANDO DIJE: "SI SEÑOR" 37

Capitulo 4
UN DIA MALO 51

Capitulo 5
MIENTRAS ESPERAS 69

Capitulo 6
DECIDO DEFERIR 83

Capitulo 7
DIOS TODAVIA USA LO QUE SOBRA 97

Capitulo 8
NO ME CONFORMARE 109

Capitulo 9
PIENSEN EN ESTO 121

Capitulo 10
RECUERDA AL ANCIANO ROSS 133

INTRODUCCIÓN

Es asombroso cómo podemos leer, oír o incluso estudiar las Sagradas Escrituras una y otra vez sin comprender realmente su significado correcto. ¿Por qué cuando nuestro mundo ha dado un vuelco de 180 grados, las piedras preciosas que han estado ocultas durante años salen a la luz? ¿Acaso es la naturaleza humana la que limita nuestra búsqueda de lo profundo en Dios cuando casualmente estudiamos las escrituras? ¿Serán las abundantes bendiciones de Dios la causa de nuestra falta de crecimiento en Él?

A pesar de todo lo que Job aparentaba ser antes de que perdiera todo, su relación con Dios no era completa. Él solamente conocía un Dios de prosperidad, que le hizo ver a otros no tan bendecidos como faltos en su relación con Dios. Su orgullo no le permitía ver los otros atributos maravillosos que Dios tenía para ofrecerle. Fue solo después de que el polvo se asentó, después de que recuperó todas sus posesiones terrenales, que hace una asombrosa declaración.

De oídas te había oído; mas ahora mis ojos te ven.
- Job 42:5

Por mucho tiempo hemos estado escuchando sobre un Dios que continúa creando y recreando. Las historias parecen ser tan increíbles y tan fuera de lo normal porque parecen ocurrirles solamente a personas que han sufrido grandes pérdidas. Lo que es aún más asombroso, es que Dios haga tal cosa por una persona que, en nuestras mentes, fue el propio causante de eso. El Señor no está preocupado por cómo llegamos hasta nuestras pérdidas ni tampoco nosotros deberíamos estarlo. Lo más importante de sobrevivir un día malo es que el Señor tiene la solución y si podemos dar un paso adelante con fe, Él está ahí para darnos lo que necesitamos.

Capítulo 1
Simplemente No Entiendo

Y la paz de Dios, que sobrepasa todo entendimiento, guardará vuestros corazones y vuestros pensamientos en Cristo Jesús.
-Filipenses 4:7

Un día de Halloween, a la edad de cinco años, regresé a casa de la escuela enfermo, muy enfermo. En una sola semana, ya estaba completamente paralizado y fui llevado urgentemente al Hospital General de Los Ángeles en California. La vida de mi familia cambió para siempre. Han pasado varios años, pero la necesidad de saber lo que verdaderamente sucedió durante mi adolescencia, me ha impulsado a buscar la verdad sobre lo que mis padres sufrieron y cómo sus decisiones afectaron mi vida como adulto. Eran muchas las cosas que no comprendía. Fueron muchas las preguntas sin respuesta a lo largo de mi vida. Sentía la necesidad de encontrar esas respuestas con urgencia.

Cuando tuve la edad suficiente para insistir, mi mamá compartió conmigo su perspectiva. Un Domingo por la tarde cuando regresamos de la iglesia, esto es lo que me contó. Me acuerdo de ese día como si hubiera ocurrido ayer.

Júnior, quizás eras demasiado pequeño para acordarte pero cuando eras sólo un niño, muy pequeño para asistir a la escuela, tu padre recibió el llamado de servir en el ministerio. Pensamos que aceptaría, pero decidió ejercer su carrera. Nos convertimos en "Domingueros", es decir que asistíamos a la iglesia solamente los Domingos. Su carrera se convirtió en lo

Un Dia Malo

más importante y el dinero se convirtió en su dios. Fue fácil ser absorbido por los placeres de las necesidades materiales.

Vivíamos en una casa nueva, amueblada con lo mejor. Teníamos un carro nuevo y ustedes eran los niños mejor vestidos del vecindario.

Muy pronto, me daría cuenta que el dinero no compra la felicidad. Teníamos todo lo que uno posiblemente podría querer: éxito, dinero, un llamado al ministerio y una familia maravillosa; pero nada de esto detuvo a tu padre de encontrar a otra persona a quién amar. Su infidelidad comenzó un aluvión de ataques de las puertas del infierno, de los que hasta ahora tratamos de recuperarnos. Después de que dejó a la familia y se mudó de la casa, descubrí que varias de las facturas no habían sido pagadas y existía una gran posibilidad de perder la casa. Para empeorar las cosas, no había trabajado un solo día en los ocho años de nuestro matrimonio para poder quedarme en casa y criar a nuestros hijos. Nunca en mis sueños me imaginé que tu padre desearía otra vida.

Para colmo de males, no tenía ninguna habilidad y encontrar un trabajo en ese tiempo era un desafío casi inaguantable. Había poco o casi nada de tiempo para ir a la iglesia y sabía que eso era malo. Quería morir, pero fueron mis hijos quienes me daban ganas de vivir. Todo esto era lo que estaba sucediendo cuando regresaste enfermo de la escuela ese día de Halloween. Cada día que pasaba, te enfermabas más y más. Intenté todos los remedios caseros en los que podía pensar y nada ayudaba. Después de una semana, te llevé al hospital. Tu abuelo Frank vino a orar por ti. Él profetizó y me exhortó a confiar en Dios y a no preocuparme pues tú saldrías vivo del hospital y la confirmación sería que en el aspecto físico todo iba a estar bien, excepto por la atrofia del brazo derecho. Aunque sabía que Dios podía sanarte y mantenerte con vida, el confiar en Él y creer lo que me dijeron fue probablemente lo más difícil que tuve que hacer.

Después de haber estado en el hospital por una semana, los doctores diagnosticaron que tenías polio. Yo tenía miedo.

Simplemente No Entiendo

En esos días, que un niño sufriera de polio, significaba que tarde o temprano moriría. El tener que prestarles atención a tus dos hermanas menores me mantenía en mi sano juicio. Cada noche, luego de acostar a las niñas en sus camas, me ponía a llorar. No solamente tenía que lidiar con el hecho de que mi único hijo iba a morir sino que el hombre al cual le había entregado mi vida entera, estaba siendo consolado en los brazos de otra mujer. La culpabilidad me consumía y me sentía agobiada y muy sola. Por primera vez tuve que dejar a mis hijos con una niñera. Tus hermanas lloraban todos los días. El estrés de encontrar un trabajo o perder la casa y ser echados a la calle con mis tres hijos pequeños, agotaba mi fe. Yo oraba y simplemente no sentía a Dios cuando lo necesitaba. No podía ser consolada. Sabía que era sólo cuestión de tiempo antes de que recibiera la temida llamada. La llamada llego más pronto de lo que pensé.

En menos de un mes, el polio había tomado su curso destructivo. Una mañana, muy temprano recibí la llamada. "Señora Pantages, por favor venga inmediatamente. Su hijo se está muriendo." Sentí que el tiempo se detuvo. Tu abuela vino a la casa para cuidar a las niñas para que pudiera ir pronto al hospital. Allí, en la sala de niños vi a muchos otros pequeños que también estaban enfermos con polio. Mientras te visitaba, conocí a padres que habían perdido a sus hijos a causa de esta horrible enfermedad. Me afligía el recuerdo de su agonía, pena y la angustia que mostraban al observar a las enfermeras trasladar a sus hijos muertos al depósito de cadáveres. Dentro de mi gritaba, "¡No! Dios, no permitas que mi hijo muera. Tú me prometiste en tu profecía que mi hijo viviría." El hecho de que no estaba sirviendo al Señor con fidelidad, me llenaba de tanta culpabilidad que quebraba mi esperanza de clamar al Señor. Me cuestionaba a mí misma, "¿Cómo me escucharía Él? ¿Por qué razón querría hacerle un milagro a una mujer que se había olvidado de Él?" Con pocas fuerzas y esperanzas, tenía que correr el riesgo y orar a Dios una vez más, "Señor, tú sabes que no te he sido fiel como debería ser. Vengo a ti hoy, no por mí, sino por mi pequeño

Un Dia Malo

hijo. Sé que en verdad no merezco nada de ti, pero sólo quiero recordarte que lo presentamos a ti y él te pertenece. No te estoy pidiendo que lo sanes por mí sino te estoy pidiendo que lo sanes porque él es tu hijo."

Recuerdo ver a mi madre llorar al acordarse de su oración. Alcancé sus manos para sujetarlas y ella continuó: Después de que oré, todavía recuerdo cómo un hermoso sentimiento de paz me embargó. Por primera vez en mucho tiempo, honestamente sentí que Dios había escuchado mi oración. Llamé al pastor quien vino inmediatamente. Él pronunció una oración corta, pero poderosa en fe y clamó el nombre de Jesús mientras ungía tu cabecita con aceite. Sanaste milagrosamente. Las palabras proféticas de tu abuelo se habían hecho realidad. Cuento esta historia porque se relaciona con el verso con el cual comencé este capítulo.

Paz y Entendimiento

Paz y entendimiento. Entendimiento y paz. Parecen ir juntos como la sal y la pimienta, como la mantequilla de cacahuates y la mermelada y como Lucy y Ethel. Son inseparables. Por lo menos eso fue lo que yo pensaba cuando leí la cita mencionada anteriormente de la versión de King James, en inglés. Por años y años pensé que la paz de Dios me traería entendimiento y una vez que el entendimiento llegara, mantendría mi corazón y mente a través de Cristo Jesús. Nunca imaginé que esto no era verdad en ninguno de los casos.

¿Recuerdas cuando eras niño y te quebrabas la cabeza tratando de resolver un problema de matemática? ¿Acaso no te enseñaron, como a mí, que para cada problema había una solución? Luego cuando encontraste la solución, ¿acaso no sentiste la satisfacción de haber hecho algo bien y la esperanza que el próximo problema podría ser enfrentado con facilidad? Como estudiantes en la escuela, ¿acaso no nos enseñaron que si la solución no podía ser encontrada, sólo significaba que era necesario un mayor esfuerzo, lo que por consiguiente nos llevaba a empezar de nuevo?

¿Acaso no ha sido parte de la naturaleza humana, la necesidad de encontrar entendimiento? ¿No es la habilidad de entender, una forma de ganar conocimiento? Normalmente, ¿no hay una sensación de satisfacción y gozo cuando el entendimiento es alcanzado, que garantiza sentir paz? Probablemente no. Hasta hoy, mis hijos honestamente creen que las ecuaciones de álgebra son enviadas desde el foso del infierno y que no hay solución para estos problemas de inspiración diabólica, pero esa es otra historia.

La paz de Dios no es solamente mejor que el entendimiento, (La nueva versión de King James en inglés utiliza sobrepasar, en vez de pasar), descubrí que entender una situación no siempre trae paz. Déjame explicar. Puede haber veces, viviendo como cristianos, que la gente no convertida con la cual estamos en contacto, simplemente no nos quiere. Aparentan estar disgustados con todo, desde cómo caminamos, cómo hablamos y hasta en la manera cómo enfrentamos las situaciones. ¿Por qué? Porque un verdadero cristiano vive la vida que supuestamente ellos dicen es imposible de vivir y las debilidades del incrédulo son expuestas. No digo esto en forma condescendiente, sino por mi propia experiencia personal antes de conocer al Señor. Sin decir ni una palabra, la vida cristiana lo dice todo y hay veces que habla tan fuerte que una persona no convertida no aguanta el hecho de que su vida ha sido descubierta con ansías de encontrar.

Cuando Dios lidiaba conmigo para que aceptara Su Salvación, Él usaba las vidas de otros cristianos como ejemplo, mostrándome que era posible vivir de manera piadosa. Para intentar cambiar y alejar la culpabilidad de mi lado y llevarla al de ellos, empezaba a fijarme en pequeñeces, a encontrar fallas y a mentir. Ahora, cuando otros me hacen lo mismo y lo llego a comprender, paz no es lo primero que viene a mi corazón. Al contrario, la ansiedad se afianza en mí y empiezo a pensar en lo que se puede hacer para remediar el problema, si es posible.

La Escritura nos dice que,

Un Dia Malo

Si es posible, en cuenta depende de vosotros, estad en paz con todos los hombres. -Romanos 12:18

Sin embargo, es más fácil decirlo que hacerlo y ahora el rostro de Dios debe de ser buscado para encontrar sabiduría y ayudar en una situación que no hemos atraído hacia nosotros.

Sólo Una Palabra

Para ilustrar este punto aún más, déjenme contar un hecho que ocurrió en nuestra iglesia local. Nuestro pastor había estado enfermo por algún tiempo y conseguir finalmente que fuera al doctor era un milagro en sí mismo. Nosotros, como congregación sentíamos que si él podía obtener ayuda para su cuerpo enfermo, entonces la iglesia podría continuar con su trabajo de ganar almas para el reino de Dios. Fue a hacerse unos exámenes, los cuales tomaron un par de semanas. Cuando por fin anunció los resultados, nunca se me olvidará la reacción de la congregación con la pronunciación de una sola palabra: ¡CÁNCER! Hubo miradas de incredulidad, mientras que otros derramaban lágrimas. El solo escuchar la palabra, causó que surgieran miles de preguntas sin respuesta por nuestra mente. ¿Escuchamos correctamente? Seguramente se trataba de un error. ¿CÁNCER? ¡No puede ser! Él es muy joven. Entender la situación ese día no trajo paz. Es más, conocer lo que sucedía causó más alboroto en la congregación del que jamás había visto. Nosotros esperábamos irnos de esa reunión tranquilos pero entender la situación sólo nos complicó todo.

Por eso es que Jesús les ofrece a sus hijos algo mejor que el entendimiento, ya sea que uno pueda comprender o no los momentos difíciles. Él dijo,

La paz os dejo, mi paz os doy; yo no os la doy como el mundo la da. No se turbe vuestro corazón, ni tenga miedo.
-San Juan 14:27

Simplemente No Entiendo

¿Qué es lo que hace tan diferente a esta paz que Jesús ofrece? Bueno, la paz que es ofrecida por el mundo en el cual vivimos solamente es ofrecida cuando todo va bien y todos están de acuerdo. Por otro lado, Jesús ofrece paz cuando nada en la vida tiene sentido; cuando te dan la espalda, cuando simplemente no entendemos. ¿Alguna vez has sentido que te ha tocado las de perder? No hay problema. La paz de Cristo es suficientemente poderosa para ayudarte durante estos momentos difíciles.

Simplemente No Entiendo

Jairo (La historia se encuentra en Lucas 8:41-56) fue puesto en una situación que ningún padre debería tener que soportar, su única hija se estaba muriendo. Se acercó a Cristo con la esperanza de que Él viniera a su casa a sanarla. Jairo sabía que tenían que darse prisa, porque su hija se estaba muriendo y cualquier retraso significaría una desgracia. Pero cuando se dirigían a la casa de Jairo, se encontraron con una gran multitud de personas que trataban de llamar la atención del Señor. Enfrentándose a la gran multitud, Jairo hacía lo posible para que Jesús llegara a tiempo a su casa. Sin embargo la gente, quienes no conocían la situación y teniendo sus propios problemas que querían que Jesús atendiera, no iba a dejar pasar probablemente la única oportunidad que tendría para recibir sus milagros. Es en este punto que la historia de Jairo es puesta a un lado y el autor bíblico se enfoca en una mujer que también estaba angustiada.

Esta mujer sufría de un problema sanguíneo (es decir hemorragia) la cual le había costado todos sus ahorros. Ningún doctor en la tierra cercana había podido encontrar una cura para ella y también se estaba muriendo.

Su desesperación la había llevado a esto: o recibía una respuesta de Jesús ese día o moriría. Ella tomó la decisión que pasara lo que pasara, ella seguiría a Jesús para recibir su sanidad.

Sin Garantías

Tomar la decisión de tocar a Dios no garantiza que esta respuesta llegará fácilmente. Nunca lo es. Imagínense, si pueden, una oferta especial en Kmart donde la gente se pelea por el último artículo en venta. Multipliquen eso por mil, tanto en número como en intensidad. Sólo así comprenderán a lo que esta mujer estaba a punto de enfrentarse al acercarse lentamente, pulgada por pulgada, hacia el Maestro. Ser golpeada, pateada, maldecida, agarrada y atropellada en el suelo, no fue suficiente para desalentarla. Ella decía, "Si tan sólo pudiera tocar el borde de su manto, estaré sanada." Ella sentía que no era necesario que hablara con Él ni que lo mirara a la cara. Ni siquiera necesitaba llamar su atención, solamente un toque de su manto sería suficiente para hacer lo que ningún doctor podía hacer y eso era sanar su cuerpo enfermo.

Lo que más me conmueve de esta mujer es el hecho de que cuando ella toca su manto, ella está de rodillas. Hay algo sobre humillarse uno mismo ante la presencia de Dios que siempre atrae su atención. Es con este toque que Jesús se detiene y pregunta, "¿Quien me ha tocado?" Hasta Pedro se desconcertó por esta pregunta al darse cuenta de que cien o quizás miles lo han estado tocando por algún tiempo. Pero fue sólo un toque, no un agarre, jalón, arranque o un empujón que causó que virtud fluyera de Él. Fue un sencillo toque, de una mujer completamente humillada y de rodillas.

Es así como ocurre cuando entras en la presencia de Dios. Esos que van allí frecuentemente saben de lo que estoy hablando. Existe la tranquila seguridad de que si sólo pudiera tocarlo hoy, sé que todo estaría bien.

Cuando la mujer respondió Su pregunta, Jesús se maravilló por su fe y le hizo saber que esa fe era la que la había hecho completa. Tanto Jesús como la mujer sabían que tocar a un hombre iba contra las reglas, aún más para una mujer que por su enfermedad era considerada impura. No solamente era atroz y poco apropiado sino completamente ilícito. Ella se arriesgó mucho sin tener la garantía de que

Simplemente No Entiendo

Jesús iba a honrar su fe.

Jesús no siempre responde a la necesidad, pero siempre responde a la fe. Después de la declaración de Jesús, la multitud se enardeció por el milagro que habían presenciado y demostraron su aprobación con gritos de gloria a Dios.

¿Pero dónde está Jairo en todo esto? ¿Podría ser que aunque estaba feliz con la sanidad de esta mujer, entendía que si Jesús no llegaba a tiempo, su hija moriría? Probablemente pensaba, "¿Y yo, Jesús? Estás tardando mucho. ¿Y mi hija que está muriendo?" ¿Alguna vez te has sentido de esa manera, creyendo que el Señor se está tardando mucho en responder tu petición? ¿Alguna vez has participado en un servicio saturado de poder y lleno del Espíritu Santo donde la gloria de Dios está cayendo sobre todos menos tú? Has estado esperando por Dios durante algún tiempo. Tú has sido tan paciente como pudieras haber sido. Dios te ha prometido que va a venir al rescate, pero si no se apura podría morir. ¿Y yo, Jesús, te has olvidado de mi?" ¡Sí, comprendemos por lo que Jairo estaba pasando!

Después de haber pasado por entre la multitud de gente, finalmente el viaje se reanudaba otra vez y Jairo empezaba a calmarse. Justo cuando comenzaba a sentirse cómodo, creyendo que Jesús todavía llegaría a su casa a tiempo, recibe noticias sobre la muerte de su hija. "¿Qué quieres decir, que está muerta?" Tiene que haber un error. Eso no puede ser porque tengo una promesa de Dios. Si realmente es verdad, simplemente no lo entiendo."

Cuando Jesús miró a Jairo directamente a los ojos y dijo estas simples palabras, se oía como si estuviera hablando en otro lenguaje, "No tengas miedo, cree solamente." (Lucas 8:50) En realidad, él tenía miedo. ¿Cómo podía él creer en Jesús cuando había roto su promesa de venir a sanar a su hija? Nada de esto tenía sentido. Simplemente no entiendo. "Desesperadamente quería creer en las palabras del Maestro, pero su corazón le decía lo contrario. Su mente podía fácilmente hacerlo retroceder y recordar todos los momentos que él y su hija habían compartido. Nadie sabía con seguridad en qué estaba pensando, pero yo como padre recordaría cuando la empujaba en el columpio, cuando la correteaba como un gran y feo monstruo, intentando asustarla, enseñándole cómo pasear en su bicicleta y recogiéndola cada vez que se caía cuando estaba aprendiendo a patinar. Las memorias son interminables. ¿Cómo podría vivir sin ella? Mientras su mente continuaba estando fuera de control, de la nada empezó a sentir una paz que surgía de su corazón. Sin comprender en lo absoluto, comenzó a creer en Jesús por lo imposible.

Pasando al Plano Sobrenatural

Cuando llegaron a la casa de Jairo, fueron recibidos por la multitud de lamentadores que habían sido contratados (una tradición Judía) para llorar la muerte de su hija. "No lloréis; no está muerta, sólo duerme." La burla de los lamentadores de las palabras de Jesús, se debía parcialmente a su incredulidad, pero también porque sabían que si era verdad, se quedarían sin trabajo. Lo que ocurre a continuación es algo que todos deberíamos aplicar a nuestras vidas cuando hemos de creer en que Dios nos hará un milagro. Él amablemente dejó de prestar atención a todos aquellos que no creían. Ahora podía pasar hacia el plano de lo sobrenatural sin tener la oposición de la incredulidad y la levantó entre los muertos. Mientras que Jairo abrazaba a su hija como sólo un padre puede, estoy seguro de que estaba contento de no haber dejado que sus emociones dictaran lo que Dios estaba por hacer. Su obediencia hacia la promesa de Dios, trajo vida, como siempre lo hará.

Calla, Enmudece

Podría continuar con otros ejemplos de cómo Dios provee sin que nosotros entendamos la situación completamente. Pero en realidad hay algo dentro de nosotros que simplemente tiene que comprender y siempre nos lanza hacia la confusión. Es exactamente lo que los discípulos sintieron cuando la tormenta estaba bramando en el Mar de

Simplemente No Entiendo

Galilea y Jesús dormía abajo. (Marcos 4:35-41) No había explicación del por qué iban a morir en ese día. Todas las señales apuntaban a que se ahogarían en el mar y por lo que a ellos se refiere, a Jesús poco le importaba. Cuando finalmente lo despertaron, estaban horrorizados por verlo tan calmado. A lo mejor no comprendía la situación, pensaban ellos, y necesitaba ayuda para aclarar las cosas. O a lo mejor estaba agobiado y simplemente no quería aceptarlo. A pesar de todas las preguntas que daban vueltas en sus cabezas, hubo una cosa que Jesús no hizo Él no les dio explicación. Sin mediar palabra, con seguridad se desplazó al frente del barco y pronunció dos palabras que nunca olvidarán. "Calla, enmudece." Lo que Él estaba haciendo en verdad, era ofrecerles algo mejor que el entendimiento, su paz.

¿Puede la paz llevarse las tormentas de la vida? ¿Podrá Él siempre llegar justo a tiempo para ayudarnos a evadir los momentos dolorosos que nos trae la vida? Yo puedo contestar estas preguntas con un gran enfático: ¡NO! Pero por otro lado, la paz que Él ofrece es muy superior a cualquier cosa que el entendimiento pueda traer a nuestras vidas. Si pudiéramos confiar en el propósito de Dios de ocuparse de sus hijos de esta manera, entonces no seríamos tan llorones. ¿Por qué cuando pasamos por momentos difíciles, nuestras oraciones al Padre son de desesperación? Como los discípulos, nos sentimos como si nuestra vida estuviera llegando a su fin y estuviéramos a punto de morir. Pero Dios en su sabiduría, permite que pasemos por estos momentos difíciles por dos razones. Primeramente, muchas veces los tiempos difíciles nos llevan hacia Él. Cuando hemos caído en lo más bajo, es más fácil mirar hacia arriba, a Él Peromás importante es el hecho de que cuando batallamos a través de las tormentas de la vida, hay quienes no conocen a Dios y nos observan. A ellos no les importa cómo son nuestras vidas cuando todo va bien. Ellos quieren saber cómo alguien pasa por lo imposible, cuando todo se está derrumbando. Cuando somos fieles a Dios, aun en los momentos más difíciles, nuestras vidas son una prueba

Un Día Malo

mucho mayor que cualquier testimonio que podamos contarles. Sabiendo que tu corazón está a punto de quebrarse por problemas matrimoniales o el hecho de que tu hijo se acaba de escapar de casa, ¿cómo puedes seguir sonriendo después de todo? Te preguntaran directamente, ¿cuál es tu secreto? La respuesta que les des sencillamente será, Jesús. Tú podrías seguir adelante como el resto del mundo cristiano, pidiéndole a Dios que te quite el dolor, la tragedia, la pérdida, el desengaño, pero estarías perdiendo uno de los regalos más grandes que Dios nos ha dado. Ese regalo es su paz en medio de una tormenta.

Una Lección Aprendida

Cuando estoy frente a Dios, ya no pierdo tiempo pidiendo respuestas a situaciones que no comprendo. Yo he crecido tanto desde la experiencia de mi propia madre que es casi imposible hacerlo. Fui sanado milagrosamente, nunca perdimos la casa y mi madre encontró un trabajo con buena paga. Pero lo más importante que ocurrió en nuestra familia, fue que mi mamá encontró su camino de regreso a Dios.

Lo conozco lo suficiente como para confiar que cuando no entiendo los malos ratos de la vida, en algún momento Él lo solucionará todo. Y aunque sería bueno comprender la situación, también he aprendido que, "la paz de Dios, que sobrepasa todo entendimiento, guardará vuestros corazones y vuestro pensamientos en Cristo Jesús."

Capítulo 2
Sólo Hazlo

Su madre dijo a los que servían: —Haced todo lo que os dijere [sólo hazlo]. -San Juan 2:5

El dar órdenes hoy no es tan sencillo y claro como en el pasado. Hoy en día, las órdenes son normalmente acompañadas por una pregunta generada por solo una expresión. ¿Cuál es esa expresión? ¡Por qué, por supuesto! No es suficiente hacer lo que a uno le dicen, tiene que haber una explicación. Si la explicación no es suficientemente clara, o si no tiene sentido, somos retados a cambiar la orden o por lo menos permitir realizarla luego. Recuerdo cuando estaba creciendo durante la década de los 60. Mi abuela o abuelo daban una orden y, la entendiera o no, la obedecía. Ellos no querían mi opinión, ni tampoco les importaba lo que yo pensara, ante sus ojos, mi trabajo era obedecerles. Aunque los mirara mal, ellos no la pensaban dos veces para usar en mi trasero el cinto de barbero del abuelo que colgaba en el baño. ¡Es increíble cómo han cambiado las cosas!

Hablando de cambio, es increíble cómo las modas de la sociedad se han infiltrado en la iglesia. Tanto así que se ha vuelto difícil para un creyente obtener la mente de Cristo. Mientras que Cristo les enseña a los creyentes a negarse a seguirlo, muchos cristianos de hoy están tan orientados a "los derechos" que hasta Dios es cuestionado cuando trata de poner orden en las vidas. Muchos tienen problemas y reservaciones que impide que la voluntad de Dios sea hecha.

¿Por qué? Son impedidos porque si nuestras ordenes no tienen sentido y no entendemos la situación completamente, entonces no estamos de acuerdo. Ese desacuerdo cede a la desobediencia, que en cambio nos niega la bendición de Dios. El problema es éste, hay ocasiones en que Dios elige no darnos explicación. Es entonces cuando debemos poder confiar en que Él sabe lo que está haciendo y desea lo mejor para nosotros. Con Dios, el momento oportuno es todo y si lo vamos a retrasar con nuestros constantes cuestionamientos (falta de fe), entonces muchas veces la voluntad de Dios nos pasará de largo.

Alistando el Escenario

Para entender completamente la escritura mencionada anteriormente, (San Juan 2:5) necesito dedicar algún tiempo a explicar cómo las órdenes eran dadas y recibidas durante el tiempo en que Jesús vivió. En primer lugar, solamente aquellos con autoridad podían dar órdenes. Si un compañero estaba dando las órdenes, no necesitaban ser obedecidas. En segundo lugar, una vez que una orden era dada, un cambio solamente podía venir de la persona que la dio. Por ejemplo, si una persona tenía más de un jefe y esa mañana recibió órdenes de excavar zanjas durante el resto del día, mientras que al medio día el otro jefe viene y le pide que haga otra cosa, no podría porque está sujeto a la primera orden. Finalmente, desobedecer una orden no era tomado a la ligera como hoy. Si un empleado escogía desobedecer una orden, podría significar desde ser despedido, hasta ser llevado fuera de la ciudad y luego apedreado a muerte.

Ahora denme un momento para reflexionar sobre María, la madre de Jesús. Ella se encuentra en una boda en Caná de Galilea y por alguna razón comienza a darles órdenes a los sirvientes. Esto no iba con su personalidad, porque no solamente era una mujer que guardaba silencio (San Lucas 2:19, 51) sino que las mujeres de ese tiempo no hablaban en público. Para empeorar las cosas, ella no formaba parte de la familia, solamente era una invitada de una ciudad lejana.

Sólo Hazlo

¿Cuál es la conclusión? Ella está fuera de lugar. Algo tuvo que haber pasado para causar ese arranque emocional. En realidad este cambio de personalidad ocurrió poco después del realidad este cambio de personalidad ocurrió poco después del bautismo de Jesús. Por primera vez en 30 años, María no será considerada aquella mujer loca de Nazaret. ¿Qué quieres decir con que tu hijo es el Mesías? Es que ahora que Jesús había comenzado su ministerio, el resto del mundo sabría lo que ella había escondido en su corazón desde el momento que el ángel vino a ella y le explicó que el niño en su vientre sería el tan esperado Mesías. Me entretiene el escuchar a la gente decir que como cristianos usamos a Dios como nuestro apoyo, cuando en realidad lo que se debe soportar, es mucho más difícil que cualquier incrédulo. Dios nunca nos ha protegido de las experiencias dolorosas de la vida. Sin embargo Él si nos provee con todo lo necesario para salir victoriosos. Incluida viene la habilidad de poder voltear la otra mejilla, aceptar responsabilidad cuando no es tu culpa y probablemente lo más difícil de todo, guardar silencio cuando sería más fácil defenderse. Toda doncella sueña con el día que caminara por el pasillo, con todas las miradas puestas en ella por ser el día de su boda. El decirle sí a Jesús, significaba que tendría que renunciar al día más emocionante de su vida personal. Todo el resplandor y el glamour sería reemplazado por rumores, mentiras y el escándalo de un embarazo fuera del matrimonio. Para añadirle una herida al insulto, tendrían que escaparse a otra ciudad para que su bebé pudiera nacer y no podrían regresar hasta que las cosas se apaciguaran. El observar el rechazo de su hijo a lo largo de su ministerio sería común, culminado con soportar su muerte en la cruz. Pero en este momento, en verdad no importaba. Lo único que ella podía pensar era lo que estaba por pasar en las vidas de aquellos que tuvieran contacto con Jesús. La Escritura del Antiguo Testamento, (Isaías 61:1, Salmos 72:13) confirmaría en particular lo que ella siempre supo en su corazón. Los ciegos verán, los cojos caminarán, los leprosos serán limpios, los sordos oirán, los muertos serán levantados y el Evangelio será predicado a los pobres (Lucas 4:18, 19). Si ante los ojos de los demás ella estaba fuera de lugar por su comportamiento durante la boda, entonces que así sea, pero ella está dispuesta a agitar las aguas para que se haga la voluntad de Dios.

Agitando el Agua

"Sólo hacerlo", siempre agitará las aguas. Cuando un Pastor, amigo mío, aceptó el reto de su primer pastorado, una de las primeras cosas que empezó a enseñar a la congregación fue la importancia de la adoración. Un Domingo en la mañana cuando la congregación estaba en armonía, sus alabanzas subían mientras que las bendiciones de Dios bajaban. Cuando la intensidad de su adoración continuaba creciendo, una mujer entró completamente perdida y en completa desesperación. Al caminar por el pasillo, gimiendo y llorando era fácil ver que necesitaba ayuda. En vez de que los ujieres la acompañaran fuera del santuario para hablar directamente con ella, el Pastor detuvo el servicio y decidió ocuparse personalmente de ella. Ella se disculpó con el Pastor al no darse cuenta que había entrado en una iglesia.

"Siento interrumpirlos, pero acabo de regresar del hospital con malas noticias. El bebé en mi matriz se ha muerto y en verdad no se qué hacer, porque no me pueden operar por un par de días. Me estoy volviendo loca porque era la niña que siempre he querido y ahora me dicen que está muerta."

Mientras el Pastor esperaba que Dios le diera sabiduría para enfrentarse a esta situación como correspondiera, inmediatamente rechazo los primeros pensamientos que vinieron a su mente. A través de su Espíritu el Señor dice, "Yo quiero que escojas a la señora que ha causado más problemas en la iglesia para que pase al altar, y que ella pueda orar por esta mujer y resucitaré al bebé". ¿Te refieres a esa mujer lengua larga, enojona, fuera de control que casi causó una división en la iglesia?" decía molestamente el Pastor. "Esa misma", respondió el Señor. Pero Dios ella es…"Sólo hazlo." Sabiendo que el continuar esta discusión no cambiaría la opinión de Dios, él llama a la señora al área del altar. Ahora, cuando este miembro infiel escucha lo que el Pastor está pidiendo, ella cree que alguien le había contado sobre los rumores que ella había estado esparciendo en contra del Pastor. Ella cree que la única razón por la que él quiere que ella pase, es para avergonzarla enfrente de la congregación entera y desquitarse. Cuando está lista para comenzar a levantarse y dejar el santuario, ella escucha la voz de Dios decir, "Sólo hazlo". Con bastante aprensión, decide obedecer la voz de Dios y pasar adelante.

Con la ayuda de otras seis mujeres, ella pone su mano sobre el estómago de esta mujer embarazada y comienza a orar. La congregación empieza a sentirse responsable por esta mujer y juntos comienzan a orar por el poder de Dios por el bebé sin vida. Inmediatamente el bebé comienza a patalear dentro de la matriz. La madre se vuelve histérica gritando, "Mi bebé está viva, ella me está pataleando tan fuerte. No lo puedo creer, ella está viva de verdad." Cuando la congregación escuchó su declaración, su intensidad de adoración se incrementó, hasta el punto que el lugar completo fue sacudido por la gloria de Dios. La mejor parte de este testimonio fue que esta mujer no solo recibió su milagro en ese día sino que también recibió el bautismo del Espíritu Santo y fue salva. ¿Qué pasó con esa señora chismosa que siempre estaba causando problemas? Ella se convirtió en una gran ganadora de almas como esa iglesia nunca antes había visto. "Sólo hazlo", muchas veces tiene grandes beneficios, los que no están disponibles a menos que demos un paso de fe.

Jesús Entra En Acción

Regresando a San Juan capitulo dos, podemos observar que Jesús comienza a entrar en la acción de dar órdenes. Instruye a los sirvientes a llenar las vasijas con agua y llevarlas a la mesa principal. Presten atención a que no dice que vuelvan a llenar las vasijas con agua. Las vasijas de agua siempre eran puestas a la entrada del comedor, con el propósito de limpiar a aquellos que acababan de entrar de la calle sucios. Estas vasijas pesaban entre 150 a 200 libras y por tradición, no debían ser movidas por ningún motivo. Llenarlas hasta el tope significaba que estaban revolviendo agua sucia con agua limpia. El resultado final sería el servir agua sucia a la mesa principal. Los sirvientes tenían que tomar una gran decisión. Ellos entendían las leyes de esos días y que las órdenes no podían ser cambiadas por nadie más salvo la persona que la había dado. Pero había algo sobre la manera que este hombre, Jesús, hablaba. Nunca antes lo habían visto, no sabían quién era Él y Él estaba pidiendo algo que estaba completamente fuera de lugar. Aun así, sus palabras eran suficientemente convincentes que estaban dispuestos a correr el riesgo de no sólo perder sus trabajos sino hasta tal vez perder sus vidas. "Sólo hazlo" es cuando uno está dispuesto a sacrificarlo todo, negándose a sí mismo los deseos propios, aunque eso signifique ir contra la tradición y obedecer la orden.

Hace unos años atrás estaba en Georgia y por primera vez ejercía mi ministerio en una iglesia. Ver que los dones del Espíritu se movían tan libremente era una nueva experiencia para ellos y cada movimiento que hacía era observado cuidadosamente. Cuando comencé a tratar con un hombre que acudía por primera vez a la Iglesia, el Señor me reveló que tenía problemas con la espalda. Antes de imponer manos sobre él, la palabra de ciencia empezó a revelar otras cosas sobre su vida. Yo le dije,"Señor, aunque tu estés aquí esperando ser sanado, ésa no es la verdadera razón por la cual viniste a la iglesia." Yo continúe diciendo, "Antes de que vinieras a la iglesia en esta noche, tu esposa te echó de la casa porque estaba harta de tu problema de drogas y alcohol. ¿Es cierto esto?" Cuando me miraba a mí como un hombre enloquecido, asombrado por la revelación de la verdad, ya que nadie más en la congregación sabía quién era, estuvo dispuesto a reconocer que Dios verdaderamente estaba hablando acerca de su vida por medio de mí. Mientras tanto, fuera del alcance de mi vista, una jovencita observaba intensamente todo lo que estaba ocurriendo. Otra vez por medio de una palabra de ciencia, por un momento mi atención se enfocó en los deseos de su corazón. El Señor me dijo a mí, "Ella tiene tanta hambre de ser usada por Dios, pero siente que esto nunca sucederá porque ella es mujer. Vuelve a ella más tarde y yo le enseñaré que tan equivocada está."

En un momento del servicio, un grupo de mujeres había llegado al altar para ser sanadas. Fue en ese momento que el Señor me instruyó a llamar a esa misma jovencita. Mientras se acercaba a mí, se veía visiblemente conmovida y temblorosa, obviamente asustada. Prestando atención a que era algo tímida, retraída y extremadamente nerviosa, traté de calmarla y animarla a seguir mí ejemplo. Una de las razones por la cual estaba tan insegura de sí misma, era porque a las mujeres en su iglesia local no les era permitido orar por los enfermos y esto significaba romper una tradición a la que se había mantenido fiel. Déjenme darme un tiempo para explicar una de las desventajas de estar en una organización Pentecostal Hispana. Dado que por naturaleza el hombre latino es machista, se impide el crecimiento en el Reino de Dios. Gracias a Dios que poco a poco estamos haciendo ajustes para incluir a nuestras mujeres en todos los aspectos del ministerio. El problema es que los cambios ocurren lentamente.

Le ordené que se parara detrás de la mujer que estaba en línea y que pusiera sus manos sobre los hombros de la mujer en frente de ella. En seguida, ésta sería su oración, "En el nombre de Jesús, se sana. Vete dolor". Luego trató de escaparse de la situación dando numerosas excusas, pero la detuve y le dije "Sólo hazlo." Con el temor evidente en el temblor de su voz, susurró la oración. Lo que sucedió a continuación probablemente la asustó aun más que el miedo que ya estaba experimentando. La mujer quien antes de la

Un Dia Malo

oración no podía mover su cuello, emocionadamente movía el cuello de un lado a otro sin ningún problema.

Uno se imaginaria que observar el gran milagro que se producía frente a sus ojos, causaría un gran entusiasmo en esta tímida jovencita. Por el contrario, corrió hacia mí temblando aún más y luciendo como si hubiera visto un fantasma. Ella preguntó, "Hermano, ¿si continúo orando por el resto de las señoras en línea, volveré a sentir lo que acabo de sentir otra vez?" Le dije, "No sé, ¿qué sentiste?" Le hice la pregunta porque cuando ministro a los enfermos no siento absolutamente nada en mi cuerpo. Tengo amigos, que han sido usados poderosamente por Dios en la misma manera y afirman que sienten diversas enfermedades en las mismas partes de sus cuerpos donde otros sienten dolor. Solamente quería saber si esto era lo que le estaba sucediendo a ella. Respondió, "Cuando oré por esa hermana, una descarga de electricidad empezó a recorrer todo mi cuerpo. Se tornó más intenso cuando llegó a mis brazos y manos, sentí que relámpagos salían disparados de mi cuerpo." Entonces le dije, "Hermana, sólo sigue haciéndolo."

Con la confianza que no tenía cuando comenzó, ella continuó poniendo las manos sobre las señoras que estaban en fila y Dios sanó a todas. Cuando llegamos al final de la hilera, le pregunté a la última mujer cuál era su necesidad. Respondió que estaba ciega. Me di cuenta que a lo mejor a mi nueva ayudante le quedaría grande este trabajo y le pregunté si podía hacerme cargo. Llegado este punto, no solamente se sentía la intensidad de la unción como si pudiera ser partida por un cuchillo, pero su confianza se había elevado a un nivel que reflejaba que ya nada la podría desanimar. Valientemente se paró detrás de la mujer ciega, esta vez repitiendo la oración tan fuerte como pudo y ¿qué creen? El Señor sanó a la mujer ciega, allí mismo en ese instante. La cultura y religión enseñan que en la iglesia, la mujer no puede ser usada por Dios en este grado. Dios dice, "Sólo hazlo".

El Momento de la Verdad

Con el énfasis en evitar la cultura y religión para encontrar la voluntad de Dios, es ahora posible volver a visitar el Capítulo 2 del Evangelio de San Juan. El verso ocho revela las nuevas órdenes que los sirvientes recibieron de Jesús. El momento de la verdad ahora ha llegado a estos sirvientes que completamente descuidaron sus órdenes iniciales para obedecer la voz de Dios. La nueva orden que reciben del Maestro, es aún más ridícula a lo que habían escuchado antes de Él. "Sirvan AHORA." Él les está pidiendo que sirvan el "agua sucia" a aquellos que están sentados a la mesa principal. El obedecer a Dios siempre es cosa de AHORA mismo. No hay tiempo para pensar, no hay tiempo de resolver las cosas y no hay tiempo de evaluar. No podemos cuestionar y sin lugar a dudas no puedes tener la "actitud de que mañana vuelvo", tiene que estar hecho en ese momento. No hay paso atrás, uno debe poder de caer libremente en la presencia de Dios, creyendo que cualquier cosa que esté por ocurrir, será por el bien de uno. La parte más difícil de obedecer a Dios, es que la mayoría de las veces Él espera hasta el último minuto.

Creo que el agua se convirtió en vino cuando estaba siendo servida a los de la mesa principal. ¿Por qué creo eso? Porque así es exactamente como Dios opera en mi vida. ¿Se pueden imaginar las miradas de los invitados hacia los sirvientes cuando empezaron a servir el agua sucia? ¿Qué hay de la ansiedad que ellos mismos sentían? ¿Qué locura estoy haciendo? ¿Acaso he perdido la cabeza? De hecho, cuando Jesús habla, ¿nosotros como cristianos estamos dispuestos a dejarlo todo solo para ser agradables a su vista?

Un joven fue enviado de los Estados Unidos a África como misionero por primera vez. Con mucha emoción y entusiasmo creía que Dios iba hacer grandes cosas en su ministerio. Cuando él empezó a poner todo su esfuerzo al trabajo de Dios, el Señor comenzó a bendecir de una manera grande y poderosa. Tribus enteras eran llenadas por el Espíritu Santo y aceptaban el plan de salvación. La reacción

Un Dia Malo

al Evangelio permitió que el Espíritu fluyera tan libremente que señales, maravillas y milagros se convirtieron en algo común. No pasaba un día sin que algo milagroso provocara que más y más gente viniera a conocer la salvación de Cristo Jesús. Claro que cuando Satanás se dio cuenta del gran avivamiento que se estaba produciendo, fue solo cuestión de tiempo antes de que tratara de detenerlo.

En las semanas siguientes, esa parte de África atravesó una gran hambre. Al haber complicaciones para comunicarse con los Estados Unidos, el misionero no pudo conseguir la ayuda necesaria. Las semanas se convirtieron en meses y los nuevos convertidos de la tribu empezaron a demostrar su inquietud. Finalmente después de algunos meses, el jefe de la tribu pasó a visitar al misionero y declaró lo siguiente, "Si en los próximos siete días, tu Dios no puede proveernos con agua y comida, entonces regresaremos a nuestras viejas costumbres (canibalismo) y tú serás nuestra primera comida." En los ojos del misionero, siete días era suficiente tiempo para encontrar una respuesta de Dios. Comenzó a orar y ayunar en gran manera, pero no hubo provecho. Pasaron siete días y aun así no había respuesta de Dios. El jefe de la tribu y sus amigos se dirigieron una vez más a visitar al misionero. Con una última oración, el misionero finalmente recibe sus órdenes del Señor. El Señor lo induce a hacer lo impensable. "Toma tu Biblia y colócala en uno de los hornos que se encuentra en el patio. Espera media hora y luego sácala."

Pero Dios, "Sólo hazlo". Todavía, sin estar completamente convencido de lo que acababa de escuchar de Dios, él continúa quejándose. Una vez más el Señor simplemente le responde: "Sólo hazlo". Piensa que no tiene nada que perder y tal vez gane tiempo para escuchar las "verdaderas" órdenes que Dios le podría dar. Entonces se dirige al patio y coloca la Biblia en el horno tal como Dios le ordenó y espera.

Él había olvidado completamente en qué parte los versos de la Biblia afirmaban varias veces que para nosotros la

Sólo Hazlo

escritura puede ser el "pan de vida." Debido a esta pérdida de memoria, la próxima media hora se vuelve eterna. Pero he aquí, cuando finalmente abren la puerta del horno, para sorpresa de todos, la Biblia había sido reemplazada por una barra de pan. El misionero recoge todas las Biblias que puede y en los próximos días continúa colocándolas en el horno. Lo que ocurrió en aquel patio se propagó como un reguero de pólvora y el avivamiento más grande que esa parte de África alguna vez allá visto, se convirtió en historia. ¿Por qué Dios tuvo que esperar hasta el último minuto? En verdad no tenía por qué, pero esa es Su forma de ser. Cuando Dios prueba a sus hijos, no es por el bien de Él, más bien por el nuestro. Él ya sabe el resultado de cuando somos presionados en nuestra vida cotidiana. Por el otro lado, nosotros somos los que debemos seguirlo a Él, por fe, hasta el final para que en verdad podamos aprender, "*No te desampararé, ni te dejaré.*" (Hebreos 13:5)

De Cerca y en lo Personal

Las lecciones que se pueden aprender del Capítulo 2 del Evangelio de San Juan son incontables, y pueden ser una bendición para cualquiera que esté dispuesto a aplicarlas en su caminar cristiano. Lo que ahora estoy por escribir viene de una lección muy personal que aprendí en el verso diez.

...y le dijo: Todo hombre sirve primero el buen vino, y cuando ya han bebido mucho, entonces el inferior; más tú has reservado el buen vino hasta ahora. -San Juan 2:10

A pesar de todos los milagros que han ocurrido ya por muchos años durante mi ministerio, recuerdo cuando esto no era así. Cuando entregué mi corazón a Dios en 1972, era sólo un joven tímido, retraído y discapacitado que amaba a Dios. Compartir la Palabra de Dios frente a un grupo era casi imposible porque siempre que hablaba las lágrimas fluían incontrolablemente y nadie podía entender lo que estaba tratando de decir. Mi hambre de Dios era tan grande que

Un Dia Malo

estaba dispuesto a hacer cualquier cosa y todo lo posible sólo para estar más cerca de Él. Recuerdo la ansiedad que sentía los Domingos temprano después de las oraciones y ayunos. Los muchachos jóvenes se juntaban después de la iglesia para hablar de deportes. A pesar de ser aficionado de los Lakers, fútbol americano USC, los Dodgers, etc., no podía quedarme ahí parado hablando de deportes cuando tenía la oportunidad de acercarme a Dios. Así que me disculpaba, me iba a mi carro y con mi Biblia abierta comenzaba a buscar en las escrituras para encontrar a Dios por mí mismo.

El tiempo pasó y muchos de los mismos muchachos jóvenes se iniciaron en el ministerio. El hecho de haber sido incluido en ese grupo era un milagro en sí mismo. Estaba tan retrasado con respecto a ellos en mi habilidad de comunicación que al parecer la única razón por la cual fui iniciado fue porque el pastor era parte de la familia. Claro que cuando las invitaciones llegaban para predicar en funciones, campamentos y convenciones para los jóvenes, normalmente a mí me hacían a un lado. Estos muchachos jóvenes seguían el ejemplo de nuestro pastor, quien es un predicador lleno de energía. Con sus mensajes dinámicos, fácilmente hacían que la gente se parara y gritara, corriera por los pasillos, brincando y bailando. Lo único que yo lograba era hacer llorar a la gente. Por mucho que intentaba seguir nuestras maneras Pentecostales, en realidad yo era más un Jeremías que un Elías. Llegué al punto en que honestamente sentía que no tenía lo que era necesario para ser un predicador exitoso. ¿Cómo podría yo creer que Dios estaría dispuesto a usar a alguien como yo? Así pasaron los años sin mucho éxito, sintiéndome más y más deprimido, hasta que llegó a mi vida la oportunidad de pastorear una iglesia.

Después de haber vivido en la oscuridad durante 13 años, ahora como pastor, creí que Dios me usaría como nunca. Durante los próximos siete años me dediqué completamente a la nueva iglesia, ya que yo y mi familia nos estábamos estableciendo. No me importaba que empezar de la nada fuera una tarea difícil. Recuerdo ir de puerta en puerta los

Sólo Hazlo

sábados por la mañana tratando de organizar estudios Bíblicos en los hogares para que la gente pudiera conocer a Dios. Los domingos llegaban y yo hacía de todo, desde limpiar la iglesia y poner todo en orden y más. Enseñaba la clase de la escuela dominical, dirigía la alabanza durante el servicio, predicaba y luego ministraba en el altar hasta quedar completamente agotado. Tener un trabajo secular en ese tiempo hacía las cosas un poco más difíciles, pero eso no me importaba porque sólo quería hacer la voluntad de Dios. Todos mis esfuerzos eran casi en vano porque después de siete años de trabajar y de partirme el lomo, la congregación solamente había crecido a 40 miembros. Otra vez mi autoestima empezó a decaer porque sentía que Dios simplemente no me amaba. Sabía que no había sido cortado siguiendo el mismo molde pentecostal que otros pastores exitosos, yo era muy tranquilo para eso. Sin embargo, dar todo lo que tenía, en mi mente, tenía que servir de algo. Di un gran paso de fe al firmar un contrato de arrendamiento de un edificio suficientemente grande para operar una guardería. Después de seis meses de hacer el esfuerzo en esta nueva iniciativa, no había suficientes niños inscritos para ayudarnos a llegar a fin de mes. Ya que la congregación todavía era muy pequeña, no podíamos cubrir la diferencia y pagar las cuentas. Un día, mi esposa, quien también trabajaba en la guardería, dejó esa parte del edificio para ir al santuario durante la hora de comer. Ahí, ella se arrodillaba ante la presencia de Dios, completamente quebrantada, suplicando que le diera a su esposo sabiduría, valor y las respuestas necesarias para hacer que las cosas funcionaran. Ella regresaba a trabajar con los ojos rojos e hinchados, creyendo que Dios le iba a dar una respuesta. Había veces en que me contaba por qué sus oraciones eran tan emocionales y lo que estaba sintiendo. Esto solamente puso más presión en mí para hallar las respuestas que estaba buscando. Cuando Dios por fin me habló con respecto al futuro de nuestra iglesia y cómo la iba hacer crecer, todo se veía muy simple ante mis ojos. ¿No es así como trabaja Dios? Él lleva nuestras respuestas hasta el grado más mínimo, para que aun en nuestra confusión podamos solucionarlo.

...sino que lo necio del mundo escogió Dios, para avergonzar a los sabios; y lo débil del mundo escogió Dios, para avergonzar a lo fuerte; y lo vil del mundo y lo menospreciado escogió Dios, y lo que no es, para deshacer lo que es, **a fin de que nadie se jacte en su presencia.**   -1 Corintios 1:27-29

Entonces, ¿cuál es el problema? Nuestra carne nos estorba, no nos permite aceptar las respuestas de Dios y nos perdemos en su voluntad. Eso es exactamente lo que me paso a mí, mi carne pudo más que la sabiduría de Dios y con el tiempo, en mi frustración entregué la iglesia a nuestro obispo. Nunca imaginé que mi decisión causaría una decadencia espiritual que tardaría años en reparar. El dejar el pastorado significaba que tendría que encontrar un trabajo secular, buscar una casa nueva, encontrar una nueva iglesia local y tener que explicar por qué la iglesia fracasó. Sin mencionar el efecto que esto tendría en mi esposa y familia. Gradualmente, la amargura empezó a arraigarse. Sin excepción de personas, empezó a apoderarse de cada miembro de la familia. Mi esposa se sentía tan humillada que ya no quería asistir a la iglesia, sintiendo que Dios no había contestado sus súplicas, ¿de qué servía? Sentir su dolor no hacía nada por mi autoestima. Peleando ya con los pensamientos de que Dios no me amaba, tener que lidiar con su depresión, sólo agregaba más leña al fuego. Ya lo había decidido: aunque no le daría la espalda completamente a Dios, tampoco daría grandes pasos de fe como lo había hecho en el pasado, haciéndome vulnerable al fracaso. Esos pensamientos se oían tan bien al pasar por mi mente, ojalá los hubiera aceptado mi corazón.

Cuando acepté una invitación a visitar una iglesia local en particular, mi intención era sólo montar un buen espectáculo para proteger mi quebrantado corazón. Habían pasado varios meses desde que Dios me había hablado, sin embargo cuando

Sólo Hazlo

lo hizo en ese servicio, sabía que era Él. Me dijo, "Me gustaría hacerte una proposición. Yo restauraré todo lo que has perdido, incluyendo el amor de tu esposa por mí. Lo único que pido de ti, es una sola cosa. Cada vez que entres a mi casa, quiero que me adores con todo lo que tienes, sin reprimir nada." Aunque en ese tiempo iba a demandar algo de esfuerzo cumplir con los deseos de Dios, sentía que era posible y estaba dispuesto a correr el riesgo. En menos de un par de semanas, teníamos ya un nuevo hogar, encontré un trabajo nuevo, una iglesia nueva y mi esposa cambió milagrosamente, dándose completamente al Señor.

El ministerio no era parte de la proposición original y estaba agradecido por eso porque en verdad no quería ministrar otra vez. Con todo lo que había sufrido a lo largo de mí vida entera y con todos mis defectos, yo solamente sentía que era mejor dejar esa parte de mi vida debajo de los escombros de mi pastorado fracasado. Pero Dios tenía otros planes. Por primera vez en más de 10 años, un profeta de Dios del estado de Virginia aceptó una invitación para venir a California. De casualidad, una de las iglesias en la que iba a hablar estaba en nuestra área. Varios de nosotros nos juntamos esperanzados y oramos para que este hombre de Dios nos llamara para ministrarnos individualmente. La reunión duró más de cinco horas y como continuaba ministrando a cientos de persona uno por uno, a mitad de servicio, el Señor me dijo que no me preocupara. Me aseguró que sería el último a quien el hombre de Dios ministraría esa noche. Efectivamente, ocurrió exactamente como Dios dijo que sucedería.

Nosotros invitamos al profeta a almorzar el día siguiente y amablemente aceptó. El tratar de comer y hacer preguntas a la misma vez demostró ser bastante difícil. Al sentir nuestra hambre por las cosas de Dios, él nos empezó a ministrar. Una vez más, yo fui uno de los últimos en escuchar una palabra directa de Dios. Las palabras que estaba apunto de escuchar, serían las que cambiarían el curso del resto de mi vida. Él me dijo, "Hijo mío, el vivir para Dios ha sido muy pero muy difícil para ti. No importa lo que hayas hecho o lo mucho que lo intentaste, ha sido como darte con la cabeza contra una pared de ladrillo. Tus frustraciones han sido tan grandes que casi has dejado de intentar vivir una vida de fe. Dios quiere que sepas que tu éxito en las cosas de Dios, no se ha detenido porque Dios no te ama. Ni tampoco han sido detenidas porque Dios no te ha protegido del ataque del diablo. Fue Dios en su sabiduría, quien estaba deteniendo esas bendiciones porque "Él estaba guardando lo mejor de ti para el último"

Finalmente me di cuenta de que por años, solamente estuve delante de mí mismo. Los mensajes sinceros que Dios me había dado durante este tiempo, eran mensajes que este mundo perdido no estaba preparado para recibir. El lidiar con las mayores decepciones, pérdidas y angustias solamente me prepararía para un tiempo como éste. Y pensar que todo este tiempo lo único que Dios estaba tratando de hacer era prepararme para el próximo nivel, en vez de tratar de destruirme, como yo tontamente pensaba. No solamente me hace sentir indigno de la bondad que me ha mostrado, pero también me hace sentir mas endeudado con su servicio.

"Sólo hazlo." Es un concepto tan sencillo que encontramos en el mismo núcleo de cada mujer y hombre de Dios de éxito. Elecciones, adaptaciones y sacrificios se convierten en parte de sus vidas diarias. En mi caso, yo tuve que decir "SÍ" a un cambio considerable en mi ministerio. Hasta que estuviera dispuesto a realizar ese cambio en mi vida, todo lo que había sido profetizado sobre mí tendría que ser pospuesto.

Capítulo 3
Cuando Dije "Sí Señor"

Después oí la voz del Señor, que decía: ¿A quién enviaré, y quién irá por nosotros?" Entonces respondí yo: "Heme aquí, envíame a mí."   -Isaías 6:8

Responder al llamado de Dios es más fácil decirlo que hacerlo. Normalmente, el sentimiento de incompetencia es suficiente para mantenernos alejados de la perfecta voluntad de Dios. ¿Por qué? Creo que porque en nuestros ojos nunca somos lo suficientemente buenos para ser usados por Él. Lo que aumenta aún más la ansiedad de aceptar el llamado del Dios es que lo que está pidiendo de nosotros, normalmente llevará nuestra fe al máximo. El no estar en control, aventurarse a lo desconocido, normalmente solo haciéndolo, no son los mejores ingredientes para el éxito. Así que nos tomamos un tiempo para evaluar la situación, esperando que a lo mejor si nos esperamos lo suficiente Dios simplemente se marchará y encontrará a otra persona. Si en verdad somos sensibles al Espíritu de Dios, al final cambiamos nuestro punto de vista y decimos sí. El problema es éste: sabiendo que con Dios todo es preciso, si esperamos demasiado, la voluntad de Dios nos pasará de largo.

Porque muchos son llamados, y pocos los escogidos.
                                        -San Mateo 22:14

Un Dia Malo

Malinterpretar el Criterio de Dios

Luego cuando realmente escoge a otra persona hasta nos ofendemos. Nos quejamos y rezongamos sobre el hecho de que nos han dejado de lado por alguien mejor. Es allí cuando comienzan los lamentos. Malinterpretamos el criterio de Dios para usarnos y llegamos a la conclusión de que nunca seremos los escogidos por Dios. Porque no caemos en la categoría de perfecto, empezamos a creer que Dios siempre va a buscar por otro lado. Lo que no llegamos a entender es que Dios raras veces usa gente perfecta. Él prefiere buscar a aquellos que se ponen a su completa disposición. Él busca a aquellos que no se quejan o rezongan, pero que alcanzan a comprender que su llamado es lo más grande a lo que pueden responder. Los deseos de Dios se convierten en los deseos de ellos y buscar a Dios se convierte más en un placer que en un trabajo rutinario. Nuestro espíritu está completamente en sintonía con su espíritu, en un mismo pensamiento y un mismo sentir. No hay desacuerdos, desilusiones ni decepción pues todo es hecho para la gloria de Dios.

Me mostrarás la senda de la vida; En tu presencia hay plenitud de gozo; Delicias a tu diestra para siempre. -Salmos 16:11

¡Ah! Experimentar la plenitud del gozo cuando entramos en su presencia es algo de lo que nunca nos cansamos porque cuando estamos a su lado, sus placeres se extienden a través de la eternidad. Entonces, ¿por qué la mayoría de nosotros, los cristianos, vivimos en miseria, frustrados en Dios? ¿Podría ser que al llegar el llamado de Dios a nuestras vidas le estamos diciendo que sí con condiciones? Queremos hacer la voluntad de Dios, pero bajo nuestros términos, nuestro tiempo y según nuestra conveniencia.

Pronto se nos olvida que hemos... *sido comprados: "glorificad, pues, a Dios en vuestro cuerpo y en vuestro espíritu, los cuales son de Dios."* (1ra de Corintios 6:20). No tenemos el derecho de ser exigentes como quisiéramos porque ya no pertenecemos a nosotros mismos. Jesús pagó el precio en el

Calvario y pertenecemos a El.

El Llamado a Jeremías

Cuando el llamado de Dios llegó al profeta Jeremías, todavía estaba en el vientre de su madre. Dios lo quería aún antes de que naciera, porque sabía lo que podía hacer con un hombre que dijera que sí, sin reservas. El responder a Dios no fue tan fácil para Jeremías como la mayoría pensaría. A medida que crecía, sus inseguridades crecían más y más y el vencerlas sería bastante difícil. No solamente era joven, inexperto y desesperadamente desprevenido, pero añadir el cargo de profeta a su sacerdocio era bastante extremo. Mira cómo Dios tuvo que animarlo en un determinado momento cuando sus temores casi causan que se eche para atrás.

No temas delante de ellos, porque contigo estoy para librarte, dice Jehová. Y extendió Jehová su mano y tocó mi boca, y me dijo Jehová: He aquí he puesto mis palabras en tu boca.

-Jeremías 1:8-9

La clave de este encuentro con Dios, es cuando el Señor extiende su mano y toca su boca. Para una persona que tiene un pico de oro y fácilmente se puede expresar en público, estas escrituras no son de ninguna importancia. Pero para aquellos que son un poco reservados, callados, tímidos y retraídos esto significa toda la diferencia en el mundo. Es cuando Dios nos toca por primera vez que las palabras fluyen libremente de nuestras bocas. No hay ansiedad al pensar sobre lo próximo que hemos de decir. Podemos expresarnos de una manera que captura la atención de los demás. Además, nuestro nivel de confianza aumenta hasta el techo y buscamos más oportunidades para hablarles a los demás de Jesús. Eso es lo que logrará un toque de Dios.

En el caso de Jeremías, él primeramente recibió palabras de juicio. Estas palabras serían el fundamento de su éxito como profeta porque demostrarían la autoridad de Dios que fue puesta en sus manos. Puesto que tanta responsabilidad le fue dada a tan tierna edad, el Señor sabía que palabras de aptitud serían necesarias para que llevara acabo su misión. Estas palabras de aptitud no eran otra cosa que los ejemplos de los frutos del Espíritu en el Antiguo Testamento. La palabra de ciencia, la palabra de sabiduría y la palabra de profecía tenían que ser parte de su vida diaria porque quién en su sano juicio iba a escuchar a un muchachito que no tenía nada de experiencia. Una y otra vez, después de haber escuchado a este muchacho profeta hablar, muchos se iban rascándose la cabeza, pensando ¿cómo es posible que un muchacho tan joven tenga tanta sabiduría?

Esa fue más o menos la misma reacción que tuvieron los gobernantes de Israel cuando Pedro y Juan hablaron frente a ellos en el capítulo 4 de Hechos. Los gobernantes los conocían como unos hombres iletrados e ignorantes, lo que hacía aún más sorprendente oírlos hablar con tanta autoridad. Lo que los gobernantes no sabían era que hacía poco tiempo que en el día de Pentecostés, Dios tocó sus bocas y ahora con el Espíritu Santo morando en sus corazones, la palabra correcta siempre estaría disponible para la persona correcta en el momento indicado.

Podemos usar a Jeremías como ejemplo para ayudarnos a entender cómo a Dios le gustaría usarnos del mismo modo. Igual que Jeremías, hemos recibido la autoridad para hacer algunas cosas bastante increíbles. Mira cómo Dios se lo mencionó a Jeremías en el verso 10.

Mira que te he puesto en este día sobre naciones y sobre reinos, para arrancar y para destruir, para arruinar y para derribar, para edificar y para plantar. -Jeremías1:10

Si podemos aceptar estas tareas con autoridad piadosa, imponiéndolas a nuestras vidas personales, entonces no solamente seremos capaces de desenmascarar al diablo, deteniéndolo en seco sino también podremos acabar con su cometido mientras vivamos para Dios. Dicho esto, la pregunta del millón de dólares tiene que ser ésta. ¿Por qué en el mundo no estamos viviendo tan victoriosamente como las escrituras lo han prometido?

Cuando El Temor Nos Domina

La respuesta se encuentra en un monstruo de dos cabezas llamado temor. No sólo tenemos un tremendo temor de sufrir sino que también tememos estar mal preparados. Hablemos un momento sobre el sufrimiento. Miramos el sufrimiento como nada más que un mal necesario. Es algo que soportamos sin nunca darnos cuenta de los beneficios que lo acompañan. Estamos tan preocupados tratando de superar la situación que ignoramos por completo la voz baja de Dios, mientras intentamos escapar de ese momento de incomodidad. El apóstol Pablo veía las cosas de otra manera. Lo único que tienes que hacer es leer su historia en Filipenses para darte cuenta de que todavía no hemos llegado a su nivel para comprender el sufrimiento que se nos cruza por el camino.

...a fin de conocerle, y el poder de su resurrección, y la **participación [confraternidad]** *de sus padecimientos, llegando a ser semejante a él en su muerte,...*
                                                    -Filipenses 3:10

El Verdadero Significado de la Participación-(Confraternidad)

Hay una palabra en esa Escritura que salta a la vista para mí, siendo ésta la palabra participación, o para mejor explicar el significado usaremos la palabra confraternidad, que es la palabra usada en la versión en inglés. El apóstol ve su momento de sufrimiento como sólo confraternidad con Dios. Cuando pienso en confraternizar, puedo pensar en varias cosas, pero ninguna que incluya sufrimiento. Confraternizar para mí es reunir a los hermanos para pasar juntos un día en el parque. Pasando el tiempo platicando, jugando y claro comer, la máxima expresión de la confraternidad. El confraternizar para mí es un momento de relajación, un momento de refrescar la mente y disfrutar la compañía de los demás. Es una forma de recargar las baterías agotadas por los quehaceres de la vida. Entonces ahora si me dedico a comparar mi definición de confraternizar, con la del apóstol Pablo, me doy cuenta que mi conocimiento de la palabra está lejos del suyo. Honestamente, no se imaginan cuánto me molestó esto. Tenía que averiguar por qué Pablo miraba el sufrimiento de esta manera y que si era ésa la única manera de ver el sufrimiento, entonces necesitaba hacer un cambio. Salomón escribió esto en el libro de Eclesiastés, hablando de obtener el conocimiento, lo cual es muy cierto.

Porque en la mucha sabiduría hay mucha molestia; y quien añada ciencia, añade dolor. -Eclesiastés 1:18

El dolor que siento mientras aumento mi conocimiento en el Señor es un dolor piadoso. No es uno que me deprime sino uno que me ayuda a llegar a una gran realización en mi vida. Cuanto más conocimiento recibo de Él, me doy cuenta en verdad cuánto no conozco y me hace tener hambre de conocerlo más. Este dolor piadoso me impactó tanto cuando el Señor me permitió entender porque usa el sufrimiento con tanta frecuencia en nuestras vidas.

Conociéndonos mejor de lo que nosotros mismos nos conocemos, Él permite que sus bendiciones se hagan esporádicas en nuestras vidas, porque sabe que la falta de bendiciones siempre atrae nuestra atención. Cuando las cosas van bien, es mucho más fácil perder un día de oración.

Cuando los cuentas están siendo pagadas y estamos bien de salud, no hay buena razón para poner en ayuno a este cuerpo, entonces nos damos gusto en todo lo que se nos antoja. Por otro lado, cuando el poder de lo alto ha sido apagado es cuando nuestra búsqueda de Dios se convierte un poco más intensa. Ahora fácilmente comprendemos el hecho que Dios...*es galardonador de los que le buscan.* (Hebreos 11:6) Buscar el rostro de Dios es ahora nuestra prioridad y removeremos cielo y tierra hasta que lo encontremos.

¿Qué dice esto de nuestra relación con Dios? Básicamente, que no tenemos ninguna relación hasta que una gran necesidad surge en nuestras vidas. Aun así, Dios está dispuesto a ir a esos extremos sólo para que pueda tener una confraternidad con nosotros. A Él no le importa no ser nuestra primera opción. El hecho es que Él nos acepta de cualquier manera en que nos pueda obtener. ¿Por qué? Porque hay esperanza de que pueda haber unos cuantos entre la multitud que lleguen debido a la desesperación y continúen su confraternidad con Él cuando los problemas se hayan ido. Lo más probable es que pocos continúen este compromiso con Dios; sin embargo, el anhelo de Dios por nuestra confraternidad es aún más grande.

Lo Que Infunde Aún Más Temor

Lo que tal vez infunde en nosotros tanto temor como el sufrimiento es saber que hemos de entrar en batalla mal preparados. Al igual que Jeremías, ofrecemos las mismas excusas del por qué no es buena idea de que Dios nos use de la manera que a Él le gustaría.

Y yo dije: ¡Ah! ¡ah, Señor Jehová! He aquí, no se hablar, porque soy niño. —Jeremías 1:6

Si somos jóvenes, inexpertos, sin educación formal o simplemente no preparados, estas excusas no son suficientes para darle la espalda al llamado de Dios. En todo caso, tú eres exactamente lo que Dios está buscando porque para que grandes cosas ocurran en tu vida, Dios tiene que haber intervenido para que tú tengas algún éxito. Entonces la gente sin ninguna duda le dará a Dios la gloria por tu éxito, lo cual, por supuesto, está bien para Dios.

Me he dedicado un tiempo a exponer los temores que nos estorban para aceptar el llamado de Dios. Tengan la seguridad que lo que he escrito no proviene de un libro o de algo que escuché antes. Lo que están apunto de leer no es solamente mi testimonio personal que de mala gana acepté, pero la confirmación de lo que ocurre en la vida de una persona cuando responde al llamado de Dios con un débil, poco entusiasta y lleno de duda "SÍ".

El Gran Impacto de Mi Vida

Cuando llegó el llamado de que Dios quería cambiar mi ministerio de un pastor al de un evangelista, le respondí de la misma manera en que Abraham y Sara lo hicieron cuando se les dijo que darían a luz a un hijo, a una edad tan avanzada. Me reí y lo considere algo gracioso porque yo simplemente no encajaba en el molde pentecostal de un predicador dinámico, extravagante y que dice las cosas de frente. Los evangelistas llenos del Espíritu, tienen la capacidad de conmover a la gente de una manera que un pastor local normalmente no puede. Con mensajes dinámicos, llamativos y deslumbrantes, ellos se ganan los corazones de las personas de una manera más que impresionante. Ha sido por medio del ministerio de un evangelista, que se han producido cambios significativos en mi vida cuando desesperadamente quería conocer a Dios de una manera más íntima. Tomando en cuenta qué tan poderosamente fui afectado por este tipo de ministerio, sabía sin lugar a dudas que no estaba preparado ni equipado para asumir esta nueva responsabilidad. Además, Dios me había dado el corazón de un pastor, no el de un evangelista. Si este gran cambio se iba a producir, Él tendría que cambiar mi corazón y equiparme de modo que ésta fuera una pelea justa.

Mientras más profundamente reflexionaba en la petición que Dios estaba haciendo, (Él nunca demanda) mayor era mi temor. Mi mecanismo de defensa empezó a activarse a medida que la abundancia de excusas comenzó a alzar vuelo. Más adelante aparecí con una sarta de excusas que creí me descalificarían inmediatamente. Pero con cada excusa que ofrecía, Dios calmadamente contestaba con una respuesta que reforzaba que de todas maneras su deseo era usarme. Cuando le dije que mi dominio del idioma español (90% de nuestras iglesias solamente hablan español) no era lo suficientemente bueno, Él respondió abruptamente con una sola palabra: "APRENDE". Cuando le dije que la elocuencia no era mi fuerte y que mis mensajes eran muy básicos, no me hizo caso, como si no quisiera escucharlo. Entonces Él simplemente respondió con "no tienes que cambiar nada".

Poco a poco empecé a asimilar por qué Dios era tan persistente en su búsqueda por mí. Primeramente, cuando Dios estaba haciendo su proposición, en ese tiempo sólo había otros tres evangelistas de tiempo completo en toda nuestra organización. El cargo de evangelista había sido dejado de lado, casi hasta llegar a extinguirse. Alguien tenía que responder al llamado de Dios, pero cuando Dios buscó entre nuestra gente, no encontró a ningún interesado. Eran aquellos que tenían gran habilidad de predicar en dos idiomas y personalidad carismática los que rechazaban la oferta de nuestro Señor.

El cargo de pastor era más atractivo, prestigioso, estable y mas lucrativo. El cargo de evangelista, en nuestra organización no era más que una idea de último momento y ni siquiera le pisaba los talones. Afortunadamente, el rechazo no es algo que el Señor tome en forma personal. Lo que estaba aconteciendo aquí era parecido al relato que encontramos en el libro de San Lucas 14:16-23. En pocas palabras, se hizo una invitación a una gran cena. Aquellos que han sido invitados han dado excusas de por qué no pueden venir. Presten atención a lo siguiente que ocurre en el verso 21.

Vuelto el siervo, hizo saber estas cosas a su señor. Entonces enojado el padre de familia, dijo a su siervo: Ve pronto por las plazas y las calles de la ciudad, y trae acá a los pobres, los mancos, los cojos y los ciegos. -San Lucas 14:21

Es justo allí donde me encontraba cuando Jesús tocó a mi puerta. Físicamente, los efectos secundarios del polio me habían dejado lisiado. Deberían ver la forma en que me miran cuando voy caminando por la calle en una camisa de manga corta. Con mi brazo derecho atrofiado y expuesto al público, las miradas fijas que llegan hasta mí no son en lo absoluto sutiles. Detrás del pulpito, la gente toleraba mis movimientos torpes y mi apariencia menos que perfecta. Si no hubiera sido por la poderosa unción que había caído sobre mí, mucha gente no me prestaría atención. En verdad, no tenía derecho de recibir la invitación que Dios me había extendido. Pero porque otros que eran más dignos, más calificados y equipados, rechazaron esa misma invitación, me fue dada una oportunidad única. Nunca imaginé que un simple "SÍ" cambiaría mi vida de una manera que nunca pensé posible.

Al emprender mi nueva misión, estaba por decir lo menos, petrificado. El tener que predicar un mensaje entero en español y tratar de aumentar mi mensaje con un estilo más efusivo, fue causa de muchas noches de desvelo. Hasta este momento en casi 20 años de ministerio, raras veces pasaba algo fuera de lo común. e vez en cuando alguien se sanaba o recibía el Espíritu Santo, pero honestamente nunca ocurría en gran escala. Sin embargo, cuando dije que "SÍ", mi ministerio dio una vuelta brusca de 180° grados.

Comienza el Cambio

Me identificaba tanto con el Profeta Jeremías en el Capítulo 1 verso 10, cuando Dios le ayudó a saber dónde pertenecía él en su Reino. Dios añadió a mi ministerio, el ministerio de liberación, uno que ayudaría a arrancar la raíz, a derribar y destruiría y echaría abajo el plan del Diablo. Luego Él me equipó con los dones del Espíritu. La palabra de ciencia me empezó a revelar los problemas, las enfermedades y básicamente las cosas ocultas de aquellos a los que he ministrado. Claro que fue la palabra de sabiduría la que me ayudaría a aplicar el conocimiento que había obtenido de una manera que fuera agradable a Dios. El Señor continuaba bendiciéndome con el ministerio de motivación. Como Jeremías, estos ministerios me ayudaron a establecer y construir las vidas de aquellos que habían sido destruidos por los engaños del Diablo. Si eso no era suficiente, después Dios añadió palabras de profecía y la realización de milagros. Fue entonces cuando sentí que no era posible que Dios añadiera a mi ministerio algo más de lo que ya había recibido.

Como Gomer Pyle acostumbraba decir, "¡Sorpresa, Sorpresa, Sorpresa!" Me había olvidado de un deseo que había puesto ante el Señor cuando niño. Aun así, Dios sabe cómo traer esos deseos a la superficie para que Él pueda ocuparse de ellos adecuadamente con las promesas de su palabra.

Deléitate asimismo en Jehová, Y él te concederá las peticiones de tu corazón. -Salmos 37:4

Dios sabe que el deleitarme en Él siempre ha sido mi prioridad. Por eso cuando mi deseo olvidado por un largo tiempo fue traído a la memoria, no tuve ninguna reserva al hacer mi petición. La sanidad de mi cuerpo tuvo tan profundo y duradero efecto en mí que le dije esto a Dios. Si alguna vez yo pudiera ser usado en tu reino, por favor, déjame poner mis manos sobre los enfermos para que tú los puedas sanar. Hasta ahora y estoy hablando de hace mas de 45 años atrás, la visión de mi sanidad todavía esta fresca en mi mente. No sé si realmente ocurrió de esta manera, pero es así como lo veo.

Él Entro Buscándome

Como mencioné en el Capítulo 1, mi mamá hizo una oración sincera a Dios. Ella comienza a suplicar en el nombre de Jesús por la vida de su pequeño niño, específicamente mencionando mi nombre. Cuando Jesús hace camino hacia el Hospital General de Los Ángeles, Él entra al área de cuarentena donde están alojados todos los que tenemos polio. Arriba de cada entrada hay una luz roja que parpadea cuando la muerte está cerca. Es un pasillo largo, con paredes verdes y deslucidas y este día hay muchas luces parpadeando. Jesús empieza su búsqueda en el lado opuesto de donde yo estoy. o alcanzo a entender como dejaba de lado al resto de niños que están muriendo. Él empieza a asomar la cabeza al interior de cada cuarto preguntando, George Pantages, ¿estás aquí? Cuando lee el nombre en el expediente médico, Él se da cuenta de que no soy yo y continúa. Tantos niños, tantos muertos, aún así Jesús sólo está respondiendo a la oración de fe de una sola mujer. Si existe una lección que aprender de todo esto, ésta es: DIOS SIEMPRE RESPONDE A FE, NO A LA NECESIDAD. Ésta es la respuesta a la pregunta del por qué alguien, que llega de la calle sin ningún conocimiento de Dios puede ser sanado milagrosamente, cuando al mismo tiempo un santo fiel con una condición peor, sufriendo por años, es dejado de lado por Dios. ¡Fe, fe y más fe! Dios siempre responde a la fe.

Finalmente, Jesús hace su entrada a mi cuarto. Por un momento mira fijamente el pulmón de acero que artificialmente me está dando el aliento de vida, luego revisa el expediente médico para asegurarse de que el nombre que está leyendo es el mismo nombre que mi mamá susurro en su presencia. Con solo un toque de la mano del Maestro, Su virtud fluyó en mi débil y pequeño cuerpo, soy sanado milagrosamente. Más tarde, cuando los doctores se reunieron para explicarle a mi madre el gran acontecimiento (anteriormente le habían dicho que yo iba a morir), ellos tímidamente reconocieron, que no tuvieron nada que ver con mi mejoría. En realidad, un doctor le dijo a mi mamá que el Dios, al que ella oraba, era en verdad el responsable de mi sanidad.

Habiendo dicho esto, el Señor por fin añadió dones de sanidad. Estaba tan asombrado porque en varias ocasiones, con simple fe, Dios había respondido con sanidades milagrosas. En la medida en que el don empezó a ser perfeccionado, las sanidades crecieron no sólo en número sino en intensidad. El Señor ha abierto ojos ciegos y ha destaponado oídos sordos. En su nombre he visto a gente sanar de SIDA, leucemia (Dios haciendo transfusión de sangre ahí mismo) y cáncer. Ni en mi imaginación llegué a soñar que Dios me usaría de maneras tan asombrosas y maravillosas. Había dado una vuelta completa y ahora la vida en Dios era sorprendente. Todo el sufrimiento que había soportado durante tantos años, todas las frustraciones que ocasionaron tanta confusión, todos los pensamientos negativos que me llevaron a pensar que Dios no me amaba, ahora estaban siendo dejados atrás, en el olvido. Ahora serían reemplazados por los frutos de mí trabajo. Por todo lo que había pasado, honestamente creo que de este punto en adelante nada me podría separar del amor de Cristo. El problema era que yo nunca había experimentado lo que la Biblia llama un "día malo". Ustedes pensarían que lo que había enfrentado en un momento o otro de mi vida, tendría que caer en esa categoría, pero no era así. Estaba a punto de entrar al momento más desafiante de mi vida Cristiana y una vez que el polvo se asentara, en verdad entendería de qué se trataba un "día malo".

Capítulo 4
Un Día Malo

Por tanto, tomad toda la armadura de Dios, para que podáis resistir en el día malo, y habiendo acabado todo, estar firmes.

-Efesios 6:13

Este verso, escrito por el apóstol Pablo, no es nada más que una advertencia de un día malo. Ciertos aspectos de esta escritura sobresalen. Primeramente, Pablo, más allá de toda duda, está afirmando con toda seguridad que un día malo está por llegar. Esto ocurrirá sin ninguna duda. Luego, tenemos que tomar en cuenta, que está hablando a los salvos y no a los no convertidos. Año tras año, honestamente creía que este "día malo" podía ser evadido si uno vivía correctamente en Dios. Sin duda, sólo los de espíritu frío y los descuidados, eran merecedores de la destrucción que el "día malo" traería. Por supuesto, pensaba que yo no caía en esa categoría y no tenía nada de qué preocuparme por la sencilla razón de que había dedicado mi vida entera a Dios en oración y ayuno. Me sentía totalmente a salvo; junto con el hecho de que estaba preparado para cualquier batalla, usando toda la armadura de Dios como mi protección. ¿Cómo podría ser posible que fuera atrapado desprevenido? Fue cuando Dios empezó a tratar conmigo sobre la escritura mencionada anteriormente, que me di cuenta de que yo no tenía la menor idea sobre lo que era un día malo.

Un Dia Malo

Entendiendo el Día Malo

La primera modificación que tuve que hacer fue el hecho de que la armadura de Dios no se usaba en una guerra espiritual para pelear contra un enemigo. Según Pablo, era usada para resistir cuando un día malo llegara. El no tener que usar toda la armadura para el único propósito de guerra espiritual, va contra todo lo que se nos ha enseñado. Hemos escuchado tantos mensajes y estudios de La Biblia que nos animan a tomar la "espada" y darle una buena golpiza al diablo. El pensar que Dios nos está pidiendo que nos hagamos a un lado y que solamente estemos "firmes", no se oye como algo muy Cristiano, ni muy americano. El solo estar quietos en la intensidad de la batalla, no es mi concepto sobre un enfrentamiento. Por naturaleza, nos encanta pelear.

Desde los tiempos en que nosotros, como pequeños niños peleábamos en el cajón de arena, hasta ahora como adultos, cuando alguien dice algo sobre nuestra mamá, no renunciamos a una pelea. Básicamente hay dos razones por las cuales es tan difícil aceptar lo que el apóstol está tratando de enseñarnos. Primeramente, tiene mucho más que ver con estar "firmes" de lo que aparenta. La traducción literal quiere decir estar preparados. Me hice a mi mismo la pregunta, ¿estar preparados?... ¿para qué? Si Dios va a pelear todo el enfrentamiento durante este día malo, ¿entonces por qué tengo que ponerme esta armadura pesada? ¿Para solo estar firme sin hacer nada? De nuevo, el no hacer nada nunca ha sido la intención de Dios para nosotros. Mientras que yo continuaba pidiéndole a Dios una respuesta. Su contestación fue esta, "Cuando un día malo llegue a tu vida será como ningún otro día. Será un momento en el cual muchos te darán la espalda. Ellos te acusarán de cosas que no has hecho ni dicho. Aunque yo estaré a tu lado a cada paso del camino, sentirás que tus oraciones están golpeando el techo, solo para regresar al suelo sin respuesta. Mi presencia será levantada y todo lo que hagas será por fe. Cada faceta de tu vida será afectada y no sabrás si vienes o vas. Caminarás por la oscuridad y aun las tareas más sencillas se tornarán difíciles.

Un Dia Malo

No tendrás ganas de pelear pues no tendrás fuerzas ni voluntad para hacer algo con respecto a esta situación. Las perdidas serán tan grandes que llegará un momento en que me pedirás morir. Recuerda que para mí un día es como mil años y habrá momentos que seguramente se sentirán de esa misma manera. Es por esta razón que solo pido una cosa de mis hijos que están sufriendo de esta manera:

"Así que, ofrezcamos siempre a Dios, por medio de él, sacrificio de alabanza,..."   -Hebreos 13:15

El Ejército de Josafat se Mantiene Firme

Hay una historia en el Antiguo Testamento que representa un ejemplo de Dios pidiéndole a sus mejores guerreros que se mantengan firmes, permitiendo que Él haga todo el trabajo. Josafat tuvo que estar dispuesto a aceptar estas órdenes extrañas. Sus hombres estaban entrenados para pelear, no para mantenerse quietos. Sin embargo, aunque esto lo hacía sentir preocupado, fue suficientemente sensible a la voz de Dios, para hacer lo correcto y no pelear. A medida que se acercaba el momento para que Dios hiciera lo suyo, a Josafat se le ocurre su propia idea loca. Él, intercambiaría sus armas por instrumentos de alabanza y cantarían alabanzas de victoria aún antes de que algo hubiera sucedido. Me acuerdo que años atrás el coro local de nuestra iglesia cantó una canción popular llamada "No Esperes a Que La Batalla Termine, Grita Ahora". El canto continúa dando la razón del por qué, diciendo: "Tú sabes que al final vamos a ganar". Estoy seguro que ése no era el canto que Josafat cantó ese día, pero ¿sabes qué? no hubiera sido mala idea. Cuando empezaron a cantar sus alabanzas, en la Hermosura de Santidad algo extraño ocurrió. Sin levantar un dedo, los enemigos de Dios se sorprenden y empiezan a pelear los unos con los otros, destruyendo al ejército entero en el proceso. Entonces, ¿no es sorprendente que Satanás nos combata tan fuerte, intentando detener los sacrificios de alabanza de llegar al trono de gloria? Él comprende el poder de la alabanza y de cómo causa confusión en sus tropas, por eso se esfuerza por causar estragos en nuestras vidas. Sus deseos son que en nuestra desilusión, guardaremos silencio y el poder de Dios no será puesto en libertad para derrotarlo otra vez.

Una vez que podamos aceptar el concepto de permanecer quietos cuando un día malo llegue, hay una cosa más que debemos considerar. El estar quietos ante la presencia de Dios, sin armadura, no nos ayuda en nada. El propósito de la armadura es para protegernos; no para pelear en una verdadera batalla. La armadura puede ser comparada a la declaración que el Señor le hizo a Satanás acerca de la vida de Job. Dios le dijo que le permitiría hacer todo lo que quisiera a Job pero no quitarle la vida (Job 1:12). Es hasta allí donde Satanás puede llegar en nuestras vidas durante un día malo, si usamos nuestra armadura. Aunque es tiempo de cacería en contra de nosotros y a Satanás le es permitido golpearnos de cualquier manera que le plazca; él no puede quitarnos la vida. Esta es la razón por la cual, ponernos la armadura diariamente es tan importante. La armadura es nuestro salvavidas. Sin ella, Satanás puede hacernos un daño que tardará años en reparar. Sólo pregúntenle al Rey David.

Un Error Costoso de Juicio

Para ayudarlos a entender mejor esta historia, voy a narrárselas como si estuviéramos allí. Es tiempos de guerra en el campamento de Israel. Los hombres de David se están preparando para la batalla y están anticipando una gran victoria. Mientras atraviesan el portón de la ciudad, se dan cuenta que esta vez su líder ha decidido quedarse atrás. David, ahora es un guerrero de mucha experiencia, con muchas victorias en su haber. En su mente, el quedarse en casa esta única vez, desarmado, no le haría ningún daño. Si tan sólo hubiera sabido que esta decisión de quedarse atrás, iba a significar el momento perfecto para iniciar un día malo, habría hecho las cosas de otra manera. La retrospectiva es 20/20. El día transcurre, estando él en el lugar equivocado, en

Un Dia Malo

el momento equivocado, cuando ve a Betsabé destapando su cuerpo mientras que ella se baña. Conocemos la historia de cómo su corazón, lleno de lujuria la manda traer al palacio, cometiendo adulterio, sin haberlo pensado dos veces en ningún momento. Su pecado da origen a una decadencia que cambia el curso del resto de su vida. En un tiempo, él fue considerado un hombre conforme al propio corazón de Dios. Ahora, después de caer en su día malo, se ha convertido en un asesino, en un mentiroso y un adúltero, etiquetas que lo seguirán hasta su muerte. Nunca en sus sueños él se imaginó que llegaría tan bajo y deshonraría a Dios. Su corazón es revelado cuando escribe Salmos 51. Cada palabra está empapada de agonía a medida que pelea para encontrar la manera de regresar a la gracia de Dios. Léanlo ustedes mismos:

Ten piedad de mí, oh Dios, conforme a tu misericordia; Conforme a la multitud de tus piedades borra mis rebeliones. Lávame más y más de mi maldad, Y límpiame de mi pecado. Porque yo reconozco mis rebeliones, Y mi pecado está siempre delante de mí. Contra ti, contra ti solo he pecado, Y he hecho lo malo delante de tus ojos; Para que seas reconocido justo en tu palabra, Y tenido por puro en tu juicio. He aquí, en maldad he sido formado, Y en pecado me concibió mi madre. He aquí, tú amas la verdad en lo íntimo, Y en lo secreto me has hecho comprender sabiduría. Purifícame con hisopo, y seré limpio; Lávame, y seré más blanco que la nieve. Hazme oír gozo y alegría, Y se recrearán los huesos que has abatido.
-Salmos 51:1-8

Cada dos palabras parece estar envuelta en remordimiento. Aunque ha pecado contra Betsabé y su esposo, quebrando las leyes en el proceso, su confesión de culpabilidad lo lleva exactamente frente del rostro de Dios. El verso 4 confirma esto cuando dice, "Contra ti [Dios], contra ti solo he pecado, Y he hecho lo malo delante de tus ojos..." Hay una diferencia enorme entre el pecar contra tu hermano

Un Dia Malo

y el pecar contra Dios. Es mucho más fácil el descartar nuestras transgresiones y evitar a nuestro hermano que el hacerlo al Maestro. En otra parte de la Escritura lo describe de esta manera.

¿A dónde iré de tu Espíritu? ¿Y a donde huiré de tu presencia? Si subiera a los cielos, allí estás tú; Y si en el Seol hiciere mi estrado, he aquí, allí tú estas. Si tomare las alas del alba Y habitare en el extremo del mar, Aun allí me guiara tu mano, Y me asirá tu diestra. -Salmos 139:7-10

Lo que hace aún más evidente su agonía, es el hecho de que compara su miseria a tener cada hueso de su cuerpo quebrado. Imagínense, si pueden, intentar de hacer las tareas más sencillas sabiendo que con cada movimiento, el dolor correrá por su cuerpo entero. Es precisamente así como se siente uno cuando peca contra Dios. Cada movimiento de David, cada pensamiento, cada palabra era un constante recuerdo de cómo le había fallado a Dios. Consideremos que sus problemas comenzaron cuando él decidió tomar sólo un día de descanso. Tomó sólo un día para deshacer una vida entera de bien. No cualquier día sino un día malo, llenado con suficiente levadura para... *leudar toda la masa* (Gálatas 5:9) Pienso que lo que es aún más espantoso es el hecho de que esto le puede suceder a cualquiera de nosotros, que por cualquier razón no nos ponemos la armadura de Dios diariamente. Si elegimos no hacerlo por razones de pecado o por negligencia, de cualquier manera el resultado será el mismo, una experiencia que no la desearías ni a tu peor enemigo.

En cuanto a los días malos, pensamos en ellos tanto como pensamos en como crece el césped o tanto como nos preguntamos cuántas estrellas hay en el cielo. Al igual que el cáncer, el SIDA, los terribles accidentes automovilísticos y cosas parecidas, siempre creemos que le ocurrirán a los demás pero no a nosotros. Yo también caí en esa trampa, porque después de haber salido algo victorioso en Dios en

Un Día Malo

todo lo que me ocurrió durante casi 30 años pensaba que Él ni me... *desampararía ni me dejaría* (Hebreos 13:5) Pero luego me daría cuenta que ninguna de las experiencias en Dios que había tenido, se acercaban a experimentar un día malo.

Mi Vida Antes de Iniciarse Mi Día Malo

Todo matrimonio tiene sus problemas y el mío no era diferente. Por supuesto, la mejor parte de pelear siempre era la reconciliación y al menos, esa opción siempre estaba disponible. Con esto, no es mi intención subestimar, degradar, humillar, juzgar o exponer la vida privada de Gloria (mi ex esposa) por ganancia personal. Es con su autorización, que escribo lo siguiente.

La vida siempre había sido difícil para ella. Ser criada en una familia grande significaba que su ropa normalmente era de segunda mano. El trabajar en el campo no era una opción, era una necesidad y había que aceptar el hecho de que la familia tendría que trasladarse cada verano y luego cada invierno para cumplir con el trabajo. Su madre se divorció de su padre cuando eran muy pequeños y haber crecido sin él, era una enorme pérdida. Como todas sus hermanas, mi ex esposa era bella a la vista, en realidad hermosa, pero aun esto causó problemas pues casi todas ellas, incluyendo ella, habían sido abusadas sexualmente. El entregar su vida a Cristo y ser llena de su Espíritu, hacía la vida más soportable, es así que nos enamoramos y nos casamos en agosto de 1975.

Nuestro pastor nos aconsejó que habría un período de adaptación. El tiempo que tomaría esto sería determinado por nuestras personalidades, nuestro carácter y nuestra buena voluntad para cambiar. Yo tenía que ser muy paciente con sus asuntos sexuales. Había veces que ella se despertaba a media noche gritando. La pesadilla del abuso sexual era revivida en sus sueños y muchas veces yo tenía que abrazarla hasta que se quedaba dormida llorando. Si tenía el deseo de hacer el amor, normalmente era mientras su mente todavía luchaba con el pasado. Eso quería decir que tendría que privarme y de alguna manera tenía que lidiar con esto. Créanme, pasaba

Un Día Malo

bastante a menudo. En esos primeros años, Dios me había dado mucha paciencia y comprensión, junto con compasión hacia ella, así que logré salir adelante, bastante bien.

Los próximos años trajeron mucho crecimiento en nuestro matrimonio, porque estábamos completamente dedicados a las cosas del Señor y el uno al otro. Nuestros hijos nacieron durante esta época (Timothy, Stephanie y Christi) y aunque teníamos que sobrellevar el desastre de un pastorado fracasado, sentía fuertemente que a pesar de esto, habíamos logrado superar esta etapa. Aún ahora recuerdo una vez mientras que viajaba, en mi habitación en el hotel, me dije a mí mismo que en verdad la vida había mejorado. No éramos ricos, pero por primera vez en 20 años de matrimonio, éramos dueños de nuestra propia casa y ninguno de nosotros estábamos batallando económicamente. Con un ministerio que estaba floreciendo, un matrimonio que se mejoraba cada día, buenos hijos y un Dios que me amaba, ¿qué más podía desear un hombre? Continuaba diciendo que si tenía que vivir así por el resto de mi vida, me parecía bien. Fueron varios meses después de afirmar esto que mi día malo comenzó.

Una Sorpresa Como Ninguna Otra

El nuevo milenio, el año 2000, se suponía que continuaría trayendo prosperidad a mi familia y a mí. Habíamos hecho planes de incluir a mi esposa en el ministerio, esta vez introduciendo a nuestros hijos juntamente con ella. Con Timothy tocando el teclado, mi esposa y Christi volverían a cantar en el grupo de alabanza. Stephanie trabajaría en equipo con mi esposa para enseñar la clase de escuela dominical y ¡vaya que su mamá podía enseñar!

Estos planes nunca se materializaron, porque en Febrero de ese año, nuestro matrimonio comenzó a deshacerse. Varios meses antes de esto los deseos de intimidad sexual de Gloria habían aumentado muchísimo. Al principio fue un cambio bienvenido pero al ver que sus ansias por hacer el amor no podían ser satisfechas me comencé a preocupar.

Un Dia Malo

Como era diabético, las cosas para mí habían desminuido bastante y era difícil para mí cumplir con ella constantemente. Llegó a tal punto que pensamos que a lo mejor estaba pasando por un cambio en su vida, así que fuimos con un doctor para que la examinara. Los resultados fueron negativos. En ese momento realmente me comencé a asustar pues no estaba seguro de poder con la nueva Gloria. Mientras oraba no obtuve ninguna respuesta inmediatamente, así que continué buscando a Dios.

Pasaron varias semanas y de la nada sus ansias acabaron de un modo muy repentino. La mujer que no podía dejar de tocarme, ahora se mostraba muy distante cuando se trataba de estar en la recámara. Era como si hubiera regresado a su manera de ser de antes, pero en mí espíritu había algo diferente acerca de ella. Si hay algo que he aprendido sobre una persona que es dotado proféticamente es que cuando se trata de la familia, la revelación no es tan obvia. De haber sabido de los problemas en la familia antes de que ocurriera la tragedia, muchas penas podrían haber sido evitadas. Lo que había aprendido era esto, si hubiera tenido la oportunidad de intervenir a favor de mi familia cuando todo iba mal, entonces Dios se hubiera quedado sin trabajo. Si tenemos que aprender una lección, entonces se aprende mejor cuando tratamos directamente con Dios. La única manera de reconocer la voz de Dios y aprender sus caminos es caminar juntos día tras día, levantándonos cuando caemos.

El Señor le estaba dando a Gloria la oportunidad de estar disponible para lo que ella necesitara de Él, pero los pensamientos sensuales que por algún tiempo se habían apoderado de su mente, pudieron más que ella. Fue bajo esta gran presión que ella tomó la decisión de romper nuestro voto matrimonial y cometió adulterio.

Los seis meses siguientes literalmente trajeron un infierno a nuestra familia entera porque el pecado estuvo escondido por ese período de tiempo. Físicamente, Gloria se estaba deshaciendo. Grandes coágulos de sangre, causados por la ansiedad, caían al piso del baño cuando se estaba bañando.

Un Dia Malo

Por supuesto que los doctores no podían encontrar nada malo físicamente. Esa misma ansiedad, trajo aún más irritación cuando se trataba de nosotros. Creo que fue en ese momento cuando uno de nuestros hijos intentó suicidarse. Traté de enfrentar lo peor con la esperanza de alejar sus ataques lejos de nuestros hijos y dirigirlos hacia mí. Nunca olvidaré el consejo que recibió de un supuesto consejero cristiano. El consejo era que yo nunca debería saber la verdad. Hasta un nuevo convertido sabe que esconder un pecado de Dios y de la autoridad no es cosa de Dios.

El que encubre sus pecados no prosperará; Mas el que los confiesa y se aparta alcanzará misericordia.

-Proverbios 28:13

El consejo de Salomón no fue tenido en cuenta y sólo fue cuestión de tiempo para que el pecado fuera descubierto y oficial-mente nuestro día malo comenzó.

Nuestro Día Malo Comienza

Se inició el 9 de agosto de año 2000, exactamente 25 años después de que aceptamos nuestros votos de vivir juntos por el resto de nuestras vidas. Nunca en mis sueños me imaginé que Gloria y yo algún día nos separaríamos. Fue ese día que Gloria ya no pudo mantener el secreto y me dijo lo que había ocurrido y continuó sucediendo durante seis meses. Para la sorpresa de los dos mi primera reacción no fue enojo sino más bien compasión. Porque conocía a mi esposa, cómo fue criada y cómo reaccionaba al fracaso, sabía que los próximos meses iban a ser los más difíciles. La tomé en mis brazos y la abracé por un rato con la esperanza de que con esta muestra de apoyo ella hiciera lo correcto. El dejar a su amante y reconstruir nuestra relación matrimonial sería más fácil decirlo que hacerlo. Sabía que ya no estábamos en un nivel de Dios, en el que podríamos escondernos y pasear hacia el amanecer. Nacionalmente, en nuestra organización, había llegado a un lugar donde mi ministerio era muy bien

Un Dia Malo

conocido. Enfrentar a amigos y familiares significaría sufrir una gran humillación y en realidad no estaba seguro de que ella sería capaz de soportarlo. Efectivamente, en vez de enfrentar las consecuencias, ella pensó que sería mejor separarnos con la intención de divorciarnos en un futuro inmediato.

Mi día malo comenzó con semejante golpe. Desearía poder poner en palabras el horrible sentimiento que sentí cuando Gloria me dijo lo que tenía que decirme. Aturdido, por semanas me dolía el corazón como si yo mismo hubiera cometido el pecado. Aún la tarea más sencilla se volvió algo trabajoso. ¿Alguna vez les ha tomado media hora abrochar una camisa? A mí sí. Comenzando desde arriba, tropiezas y caes hasta que tu mente se queda en blanco. Mirándote fijamente en el espejo, recuerdas las palabras que te han causado tanta pena. Te preguntas si en verdad son reales y tus ojos se comienzan a llenar de lágrimas cuando te das cuenta que sí lo son. ¿Cuánto tiempo llevabas allí parado? Sólo Dios sabe. Vuelves a la realidad para darte cuenta que solamente abrochaste un solo botón. El proceso continúa hasta que te das cuentas que por lo menos has perdido media hora o más.

El tener que ser probado en cada área de mi vida fue bastante difícil. La sequía espiritual, el rechazo social, las palpitaciones físicas, la angustia emocional y la pérdida económica se convirtieron todas en parte de mi día malo. La peor de las cuatro tenía que ver con Dios escondiéndose (en mis ojos) de mí. Soy la típica persona que supera las expectativas y como no he sido bendecido con los más grandes dones, tengo que trabajar mucho más que los demás para tener éxito. Eso en verdad no me molestaba cuando se trataba de las cosas de Dios (es decir oración, ayuno, etc.) porque el pasar el tiempo con Él siempre era mi placer. Obviamente, con mucha mayor frecuencia, la manifestación de su presencia era tan increíble que era fácil perder la noción del tiempo al buscar más de Él. Esto no fue cierto en mi día malo. Sentía como si mis oraciones llegaban al techo y luego se estrellaban en el piso, como si dijeran "has sido rechazado

Un Día Malo

por Dios, regresa otro día". Después de meses de ser tratado así, mi autoestima comenzó a descender y se prolongaría durante los siguientes cuatro años. Servir a Dios sería mucho más fácil si no tuviéramos que tratar con la gente. Si tan solo, nosotros como sus hijos pudiéramos ser tan comprensivos, pacientes y amables como Él. Cuando las noticias de mis problemas matrimoniales comenzaron a hacerse conocidas entre nuestra gente, también las mentiras, insinuaciones, verdades a medias y los chismes. Lo que lo hizo aún más difícil fue que en nuestra organización los ministros divorciados no están autorizados a tener una licencia ministerial. Hubo algunos oficiales a nivel distrital que se encargaron de suspender mis visitas a su área por si acaso mi matrimonio tomaba ese rumbo. A otros se les había dicho que yo ya estaba divorciado y que la suspensión era solamente una formalidad. No estoy hablando de gente que no conocía. Estoy hablando de amigos, pastores y oficiales que conocía muy bien. Algunos que en el pasado me permitieron ministrar en sus iglesias y estaban agradecidos de que Dios hubiera traído un ministerio tan maravilloso a ellos. Ahora comprendo las palabras de David cuando dice,

Aun el hombre de mi paz, en quien yo confiaba, el que de mi pan comía, Alzo contra mí el calcañar. -Salmos 41:9

Mientras más intentaba ayudar a la gente a comprender lo que en verdad estaba sucediendo en mi matrimonio, menos gente quería escuchar. En sus ojos ya era culpable y había fallado, así que, ¿de qué servía escuchar mentiras? En todo el tiempo que había servido a Dios, nunca había sido rechazado de este modo. Siempre me aseguraba de servir al hombre, de la manera que servía a Dios y por eso mi reputación era impecable.

Pero estoy hablando de un día malo, uno donde todo lo que has hecho en el pasado se echa a perder y has sido juzgado porque no tenían la información completa. Los chismes se habían tornado tan fuertes que era imposible seguir viviendo en California. Vendimos nuestra casa justo antes de perderla, las muchachas decidieron quedarse con su mamá y Tim y yo escapamos al norte de California.

La sequía espiritual y el rechazo social duraron más o menos los cuatro años enteros del día malo. Las otras pruebas ocurrieron en diferentes medidas. Durante un año entero sufrí de un dolor en el abdomen inferior. Soportar este dolor fue mucho más penoso porque mi hermana mayor acababa de morir de un dolor parecido, a la edad de 48 años. Aún más fastidioso era el hecho de que con todos los exámenes que los doctores habían hecho, tampoco pudieron encontrar qué estaba mal conmigo. El diablo la pasó de maravillas con esto y comenzó a aterrorizarme con amenazas de muerte. "Morirás exactamente como tu hermana murió", decía, "y no hay nada que Dios pueda hacer con esto". Sin ningún apoyo de la iglesia y con Dios manteniéndose en silencio a estas alturas, era bastante difícil tratar de ordenar las cosas y saber por dónde ir. Pero, tal como apareció misteriosamente el dolor, después de un año se había ido.

Al tener que mudarnos de un área donde habíamos vivido toda nuestra vida y 26 años en el ministerio, había roto completamente todas las líneas de comunicación. Los pastores que estaban deseosos de invitarme para predicar no podían localizarme y mis ingresos sufrieron muchísimo. Está por demás decir que sabía que si mi matrimonio terminaba en divorcio, mi licencia no iba a ser renovada y tendría que buscar un trabajo secular. Así que para no pasar por esa vergüenza, sentí que debía retirarme con honor y encontrar un trabajo fuera de la iglesia. No lo pensé dos veces pues tenía una licenciatura de contador y había tenido una credencial de emergencia en el pasado, para enseñar matemáticas en los primeros años de secundaria.

Durante los próximos dos años, mis esfuerzos por encontrar un trabajo de contador, de profesor o de consejero fueron completamente inútiles. Nunca había experimentado algo parecido, porque en el pasado siempre que había solicitado un trabajo, siempre lo conseguía la primera vez. No importaba cuánto estudiaba o cuánto me preparaba para entrevistas o exámenes, cuando llegaba el día de llevarlo a cabo, mi mente se quedaba en blanco. La humillación que sufrí tratando de conseguir un empleo, sólo me forzó a continuar predicando. Sentía que estaba entre la espada y la pared. El mundo no me quería, pero aún más triste era el hecho de que tampoco la iglesia.

Como un mendigo empecé a llamar a pastores para que me permitieran predicar en sus iglesias. Muchos de mis esfuerzos cayeron en oídos sordos. De vez en cuando un pastor de una congregación pequeña me daba la oportunidad de predicar. No tenían nada que perder, así que ¿por qué no? Tenía que viajar cientos de millas porque los distritos de alrededor ya habían prohibido que predicara en sus distritos, mi camioneta de 1994, con casi 300,000 millas a cuestas, extraordinariamente me llevaba hasta mi destino y de regreso. Había veces que los pastores me llevaban a comer. Ordenaba una enorme cantidad de comida. Sabía lo que estaban diciendo para sí pero no me importaba porque me llevaría las sobras a casa para dárselas a mi hijo. Sentía que si iba a comer bien una vez a la semana, pues entonces él también podría. Cuando no tienes mucho que comer, aprendes a valorar cualquier cosa y todo lo que se te da. Hasta este día, siempre que paso por una estación de gasolina Arco, me conmueve. En el peor momento de nuestro día malo, solamente nos alcanzaba para una comida al día. Eso quería decir ir a la estación Arco más cercana para comprar el mejor perro caliente de 99 centavos que jamás hayas comido. Sabía que no podía satisfacer completamente el hambre de mi hijo, pero siempre oraba que fuera suficiente para sostenerlo hasta el día siguiente. Por alguna extraña razón nunca nos hartamos de esos perros calientes y todavía hasta el día de hoy aún no nos hemos hartado. Algún tiempo después, mi hija mayor Stephanie, vino a vivir con nosotros. Ella vino a mí un día y dijo, papá no hay nada qué comer. Sabiendo que no tenía nada de dinero para ir a al mercado a comprar comida, instintivamente dije, Dios proveerá. Precisamente esa noche

Un Dia Malo

teníamos un estudio bíblico y yo tenía que dar una clase. Cuando llegamos a casa, lo que contemplamos a la entrada de la puerta era impresionante. Alguien había dejado una bolsa de 50 libras de fríjol (acuérdense que somos parte mexicanos), con un certificado de regalo de cien dólares para uno de los mercados locales. No le había mencionado nuestra necesidad a nadie, pero Dios lo había hecho. Alguien fue sensible al Espíritu y obedeció la voz de Dios que fue de gran bendición para nosotros.

El Día Malo Continúa

Nunca olvidaré el año 2003. Yo se que durante todas nuestras experiencias en Dios, ha habido veces que pensábamos que lo que había venido contra nosotros esta vez iba a ser lo que nos iba a destruir. Fue al principio de este año cuando por fin empecé a hacerme pedazos emocionalmente. El día malo trajo espíritus de temor a mi vida de una manera nueva para mí. De hecho, yo soy muy temeroso por naturaleza y pensar que a Satanás le fue permitido usar una de mis debilidades para traer aún más temor, fue algo que me deprimió desmedidamente. Fue en este punto que el temor fue tan insoportable que no podía ni salir de mi cama para orar. Estaba literalmente paralizado, tanto que honestamente le pedía a Dios que me perdonara por mi incredulidad, mientras las lagrimas caían incesantemente. Incluso, ni mis lágrimas podían abrir las ventanas del Cielo para derramar las bendiciones que necesitaba desesperadamente.

Todo el día los espíritus se burlaban de mí, trayendo consigo un gran deseo de dormir. Esperaba poder evitar el malestar con sólo cerrar mis ojos, pero el caos continuaba en forma de pesadillas. Estaba durmiendo un promedio de tres horas por noche porque las pesadillas eran aún mas intensas de las que sufría durante el día. La falta de dormir produjo un cansancio incesante que me hacía sentir como un zombi. Hasta este día estoy asombrado por la unción que se movía poderosamente a través de mí cuando tenía que predicar los fines de semana. Por otro lado, el lograr sobrevivir el resto de

Un Dia Malo

la semana, era otra historia. Hubo veces que me iba a la sala y sin razón alguna empezaba a llorar. Me sentía tan solo y desamparado que por primera vez en mi vida entera me quería morir. Sabía que estos pensamientos no eran míos, sin embargo me sentía incapaz de hacer algo.

Un día que estaba viendo la televisión, tratando de distraer mi mente de este día malo, vi un comercial sobre la depresión que me trajo algo de esperanza. Me di cuenta de que todos los síntomas que estaban nombrando en este comercial eran precisamente los que yo estaba experimentando. Afortunadamente, un joven en nuestra iglesia local trabajaba en un hospital psiquiátrico. Un día lo busqué y le comencé a contar todo. Él estaba dispuesto a ir a su jefe con la seguridad de que podrían hacer algo por mí. Desafortunadamente, no estaba preparado para escuchar la respuesta que me dio. Después de examinar cuidadosamente todos los hechos, su jefe llegó a una conclusión. "Dile a tu amigo", dijo ella, "que nosotros no podemos ayudarlo porque él es un hombre de fe y su fe lo salvará." El problema era que estaba cansado de vivir una vida de fe y solamente quería un fármaco que me ayudara a dormir y que me tranquilizara. Estaba tan afligido por lo que había escuchado, que regresé a mi apartamento completamente desesperado sin saber qué hacer después.

Dios Cambia Las Reglas

La apacible y delicada voz que había deseado escuchar por tanto tiempo empezó a susurrar en mi oído una vez más. Él dijo, "¿Por qué no oras?" Yo mismo pensé, ¿para qué? Dios no había contestado en los últimos tres años, ¿qué me haría pensar que lo haría ahora? Confiando en que la voz que había oído verdaderamente era Dios, estaba dispuesto a dar un paso más de fe y comencé a orar. "Hijo mío, todavía no puede terminar tu sufrimiento porque sinceramente no entiendes de que se trata un día malo". Respondí con firmeza, "sí, sí lo sé". "Un día malo es un momento que incluye confusión, pena y dolor tan fuerte que no se lo desearías ni a

Un Dia Malo

tu peor enemigo". "Tienes la razón a medias, pero aún no lo entiendes. Se debe a que el sufrimiento no se parece a alguno que hayas sufrido antes y Satanás ha tenido permiso de hacerte lo que él quiera, excepto quitarte la vida. Es por eso que he cambiado las reglas que te permitirán seguir siendo agradable ante mis ojos". Él continuó diciendo, "Comprendo que tus fuerzas y capacidades te han sido arrancadas durante este tiempo, incluso tu deseo de hacer algo al respecto. Es por eso que solamente te pido una sola cosa. Olvídate del ministerio y reúne toda la fuerza que te queda para que puedas estar ante mi presencia con tu sacrificio de alabanza".

Por años le hemos dado la bienvenida al hecho de que nuestra autoestima viene de lo que hagamos por Dios. Mientras más nos profundizamos en su trabajo de todo corazón, más creemos que está satisfecho con nosotros. Por eso es que cuando un ministerio nos es quitado o por alguna razón se pospone, corremos con gran determinación para encontrar nuestra autoestima. Es por eso que un día malo tiene un profundo efecto en nuestro psique. Si no hay trabajo de nuestra parte significa que no hay amor por parte de Dios. Estaba tan acostumbrado a viajar por todo el país con señales y maravillas que me seguían y siendo llenado poderosamente por el Señor con su Espíritu Santo. ¿Cómo iba a aceptar el hecho de que todavía era agradable a Dios cuando ya no estaba siendo usado tan frecuentemente y con el mismo dinamismo de antes? No me tomó mucho tiempo asimilar esto porque con respecto a fuerzas y buena voluntad, tenía un poco de los dos. Así que tome la decisión de hacer lo que Él me estaba pidiendo. Cualesquiera que fuera lo mejor de mí para ese día, incluso si no se comparaba a lo que le había dado en el pasado, ofrecería mi sacrificio de alabanza, sabiendo que Él estaría satisfecho con eso. Me llevó algún tiempo acostumbrarme, pero esta nueva manera de alabar a Dios empezó a dar buenos resultados. Mi enfoque ya no estaba en mis problemas y en cuándo iban a acabar sino más bien, en lo que yo podía hacer para poner una sonrisa en el rostro del Maestro. El día malo no llegó a su fin con este cambio de perspectiva, pero por supuesto hizo las cosas algo más soportables, tranquilizando mi mente al saber que Él todavía me amaba, aun cuando no podía hacer nada por Él.

Me gustaría hacer un último comentario con respecto a la armadura de Dios. Sólo porque decidimos usarla diariamente no quiere decir que Satanás no atacará. Es su trabajo...*hurtar y matar y destruir*... (San Juan 10:10) Así que cuando su ataque violento continúe en el momento más difícil de tu día malo, no te preocupes cuando estés derribado. Asegúrate de que tu armadura esté intacta y con la fuerza que te quede, no importa cuánto tiempo te tome, tú mismo levántate en la presencia de Dios. Cuando hayas hecho todo lo que posiblemente puedas hacer y tus circunstancias no haya cambiado, comprende que Dios no se ha desecho de ti como de prendas viejas. Él solamente ha cambiado las reglas y sólo hay una cosa que Dios quiere de ti en un día malo y ésa es... ¡ESTAR FIRME!

Capítulo 5
Mientras Esperas

Por tanto, Jehová esperará para tener piedad de vosotros, y por tanto, será exaltado teniendo de vosotros misericordia; porque Jehová es Dios justo; bienaventurados todos los que confían en él.
-Isaías 30:18

No tienes que experimentar un día malo para que no te guste esperar. Porque normalmente malinterpretamos el propósito, a muchos de nosotros no nos gusta esperar. De hecho, esta aversión frecuentemente nos lleva a cuestionar la necesidad de esperar. Podemos aguantar la espera, pero en realidad no cabe duda que no nos agrada. Sabiendo que Dios puede hacer cualquier cosa en nuestras vidas, parece algo absurdo que en momentos de problemas tenemos que esperar en Él. Frecuentemente nos preguntamos, ¿acaso Él no formó el mundo con el sonido de su voz? ¿Acaso no fue por su palabra que nosotros, su creación, fuimos formados? Entonces, ¿por qué razón tenemos que esperar?

La respuesta se puede encontrar en dos partes. Primeramente, para que nuestra fe crezca tiene que ser probada y esperar pondrá a prueba nuestra fe. Acuérdense que Hebreos 11:6 dice...*sin fe es imposible agradar a Dios...* Esta escritura nos dice que la fe es necesaria si vamos a agradar a nuestro Padre. Muchas veces, Dios nos pone en situaciones de presión, porque el resultado final será crecimiento en fe. La segunda razón por la cual debemos esperar, es para que la gracia de Dios pueda ser demostrada a través del período de espera.

Aunque podemos entender el propósito detrás de esperar, aún así no es divertido. De hecho, normalmente es cuando estamos en el período de espera que nuestra fe, confianza y dependencia en Jesús desaparecen. ¿Acaso nunca te has dado cuenta que mientras esperamos, la idolatría se apodera de nosotros? La mayoría de las veces, es durante este tiempo de espera que comenzamos a comprometer nuestros valores y a cuestionar la relación que Dios quiere que tengamos con Él. Cuando nuestra vida en Dios ha sido puesta en espera, fácilmente hacemos cambios a nuestra apariencia exterior, esperando que nuestra nueva apariencia lo haga todo mejor. Es cuando estamos esperando en Dios, que nuestro gusto por la música se hace mucho más mundano, lo que vemos se hace un poco más picante y nuestro interés por los deportes aumenta a un punto en que nos hipnotiza por completo. En este sentido, en verdad no somos nada diferente a los Israelitas. Ellos también se impacientaron esperando el regreso de su líder Moisés (Éxodos 32). En el proceso de esperar, los Israelitas descartaron todo lo que Moisés les había enseñado y decidieron que preferirían adorar a un dios que podían ver. Con una unidad que raras veces se observaba, ellos convencieron a Aarón para que les construyera un dios de oro, un becerro de oro. Vivir por fe era demasiado para ellos, así que tomaron una ruta mas fácil para servir a Dios. Por medio de sus acciones, los Israelitas descartaron todas las instrucciones de Dios. Como se cansaron de esperar, dejaron que su lógica dictara su elección de estilo de vida. Les faltaba fe y por consiguiente fueron de desagrado a la vista del Señor.

La historia Bíblica de Moisés me recordó una vez que asistí a un juego de fútbol americano con mi hijo. Como aficionado a los deportes, soy muy cuidadoso en escoger a cuántos juegos por año mi hijo y yo iremos. Es muy fácil enredarse en el ambiente que rodea al juego por sí mismo, y no quería ser culpable de darle mi adoración a alguien o algo

Mientras Esperas

además de mi Jesús. Aprendí una gran lección hace unos años atrás cuando mi hijo y yo fuimos a ver el juego de fútbol americano de USC vs. Cal en Berkeley. Fue el único juego que USC perdería en tres tiempos extras, durante esa temporada y daba la casualidad que nosotros estábamos ahí. A finales del tercer tiempo extra, cuando Cal comenzó a avanzar para anotar el punto ganador, el clamor del público era ensordecedor. Fue en este momento que el Señor quería que mi lección empezara. En verdad no estaba interesado porque parecía que USC iba a ser derrotado y en verdad no estaba de humor. Me preguntó, "¿Tu qué escuchas?" "¿A qué te refieres con qué escucho? ¡Escucho a muchos aficionados de Cal enloquecidos y listos para explotar porque van a vencer al equipo numero tres de la nación, a nosotros!" "No, no, no, ¿qué escuchas en realidad?" Me preguntó una vez más. Me separé del momento para entrar en el Espíritu y luego me impactó como una tonelada de ladrillos. Respondí algo avergonzado y tímidamente dije, "escucho adoración." Fue una adoración más o menos parecida a lo que se escuchaba por todo el campamento de Israel cuando Moisés descendió de la montaña. El Señor estaba en todo su derecho de eliminar a Israel de la faz de la tierra, pero no lo hizo. Los Israelitas habían descartado la verdad. Ellos pusieron su fe en el hombre más que en Dios. Ellos adoraron a otra cosa antes que al Creador. De todo el castigo que merecían ese día, Dios sucesivamente tuvo gracia con ellos.

La Gracia de Dios

En realidad, ¿qué es gracia? Nelson dice que gracia es demostrar favor sin consideración de valor o mérito y no es merecido. He leído historias de padres que llenan a sus hijos de regalos si marcan el gol ganador, si traen a casa solamente "A" o si no se meten en problemas en la escuela. Estos padres recompensan a sus hijos por sus logros, pero si a estos mismos niños no les va muy bien en el juego, si obtienen una "B" en un examen o si se meten en problemas en la escuela, la ira de los padres se instala. Los elogios de estos padres dependen de los logros de los hijos. La gracia de Dios es diferente. Él ama a sus hijos incondicionalmente. Su gracia no depende de los éxitos de su gente.

Pero hay veces que sus hijos se aprovechan de su gracia. La pregunta que a menudo me hago a mi mismo es, "¿Por qué Dios mostraría tal amor, cuando no solo pasa desapercibido sino también es despreciado? ¿Cómo pudo Jesús morir en la cruz sabiendo que su gente, igual que los Israelitas, a veces le darían la espalda?"

La Diferencia Entre Gracia y Misericordia

Isaías nos escribe que una vez que Dios haya tenido gracia con nosotros y reconozcamos su gracia, sin ser forzados, Él será exaltado (adorado) en nuestras vidas. Entonces esta exaltación permite que la misericordia de Dios se establezca de cierto modo que no es conocido por nosotros. El inconveniente que se encuentra en muchas de nuestras vidas es el hecho de que no sabemos la diferencia entre misericordia y gracia. Constantemente relacionamos las dos, creyendo que las dos vienen a ser lo mismo. La diferencia entre misericordia y gracia es sencillamente esto: la gracia llega cuando Dios da el primer paso. No se puede pedir, ni suplicar, Dios hace llover su gracia sobre nosotros cuando Él quiere, sin ninguna razón para hacerlo. Él lo hace porque es Dios y puede hacerlo. Por el contrario, según Isaías la misericordia viene cuando exaltamos a Dios. El resultado de la gracia y la misericordia son básicamente los mismos, la bendición de Dios descendiendo sobre aquellos con una gran necesidad.

Cualquier persona que esté leyendo este libro en este momento con una verdadera comprensión de lo que acabo de escribir, debería estar dando vueltas acrobáticas en este preciso instante. El saber que las respuestas a nuestros problemas son definidas por nuestra adoración y no sólo por esperar que la gracia de Dios haga efecto, debería producirnos un entusiasmo como nunca antes. Si las respuestas a nuestros problemas han sido puestas en nuestras manos, entonces, ¿por qué hay tanta desesperación y derrota en la vida de la mayoría de los cristianos? La solución a este dilema se encuentra en la mentalidad que ha sido pasada de generación en generación. Volviendo a la escritura en Isaías 30, debemos regresar a la Versión Reina-Valera Antigua, para entender completamente lo que no hemos estado captando. La Revisión Reina-Valera 1960 declara que Dios es un Dios justo, un enfoque mucho más positivo que la aplicación de un Dios de juicio, encontrado en las versiones en inglés.

Al menos desde los años 50, el enfoque de la iglesia era el de condenar y juzgar. Gracia, perdón y restauración no eran palabras que se usaban en el diario vivir, mientras que la iglesia intentaba lo más que podía mantener el pecado al alcance de la mano. Lo que descubrí sobre ese Dios de juicio es que en hebreo, literalmente estaba diciendo que Dios era un Dios decidido (*misphat*). Él es un Dios que no abandona fácilmente a sus hijos y está decidido a que nosotros tengamos éxito. Es por eso que Él escribió estas palabras a través del Profeta Jeremías:

Porque yo sé los pensamientos que tengo acerca de vosotros, dice Jehová, pensamientos de paz y no de mal, para daros el fin que esperáis.   -Jeremías 29:11

Realidad vs. Percepción

Es triste que muchos de nosotros en un momento u otro creyéramos que Dios estaba en el cielo desquitándose con nosotros, solamente esperando a que falláramos. Si alguna vez hubo una mentira que saltó de lo profundo del infierno es esa. Dios no sólo piensa cosas buenas y positivas acerca de nosotros continuamente sino que sus pensamientos se prolongan hacia hasta el futuro para que nuestro éxito también continúe. Esta manera de pensar no solo detuvo el crecimiento de la iglesia primitiva sino que continúa estorbando el movimiento de Dios aún hoy en día. La tradición muere difícilmente y no se quiebra con facilidad. Si alguna vez hubo un hombre que tuvo espacio para descartar la misericordia de Dios y su perdón fue Legión (San Marcos 5:1-20). Marcos nos escribe que las probabilidades de que Legión tuviera éxito estaban en su contra. Al haber perdido la razón, el ser controlado por miles y miles de demonios, vivió en las tumbas entre los muertos, causando estragos a todos los que pasaban. Era demasiado fuerte para ser encadenado y muy salvaje para ser controlado. Sus gritos que helaban la sangre por la noche infundían mucho miedo en aquellos que lo hubieran querido detener.

Y luego Jesús llegó a la ciudad. De algún modo u otro desde lejos Legión reconoció que este hombre era el hijo de Dios y procedió a hacer algo bastante inusual para él. Salió a la carrera hacia el Maestro para adorarle. Fue la adoración de Legión que le llamó la atención al Señor. Sucesivamente, Jesús envió fuera a todos los demonios que habían estado atormentando a Legión. ¡No es eso impresionante! Cualquiera y todos los que exaltan el nombre de Jesucristo tendrán el mismo resultado. No importa los antecedentes de la persona, Legión era un hombre atormentado por demonios. Dios es un Dios que responde a nuestra adoración.

Lo que es impresionante y bastante triste es que muchas veces tenemos fe para creer que Dios puede hacer maravillosos milagros en las vidas de otros, pero cuando se trata de nosotros nuestra incredulidad y a veces nuestra propia condenación acaban con cualquier esperanza de que Dios puede hacer lo mismo por nosotros.

La Triste Historia de Mi Hermana

Mi hermana mayor Sally parecía tenerlo todo. Era una señorita bonita y aunque con un poco de sobrepeso, eso no parecía detener las llamadas de los muchachos. Sally tenía una gran personalidad, una que atraía a la gente una y otra vez. Se parecía tanto a mi padre, quien por su propio mérito era un gran vendedor. Ambos tenían un pico de oro. Mientras que mi padre podía venderle un aire acondicionado a un esquimal en el invierno más helado, mi hermana podía animar las

Mientras Esperas

reuniones más deprimentes de los alrededores. Su sentido del humor y encanto normalmente tenían a la gente doblándose de la risa. Sus imitaciones de otros, especialmente de aquellos en la iglesia, siempre causaban muchos aplausos. Había un espíritu de hospitalidad que continuamente atraía a la gente a su casa, una vez ahí se maravillaban de su manera de decorar. Si hubiera querido podría haber sido decoradora de interiores pero por otra parte había muchas cosas que podía haber sido. No hace falta decir que era una gran cocinera. A ella no le importaba que por años cariñosamente la llamara ARNOLD (el nombre de un cerdo que salía en el programa de televisión GREEN ACRES en los sesentas.) Tenía un imán en la puerta del refrigerador que era un recordatorio para que todos supieran cuánto amaba ella cocinar. Simplemente decía, ¡NUNCA CONFÍES EN UNA COCINERA FLACA! Para ella era un placer tener compañía, lo que le daba una oportunidad para preparar otro banquete. No importaba si uno se aparecía a altas horas de la noche o muy temprano por la mañana, cocinar significaba HORA DEL ESPECTÁCULO, solamente otra oportunidad para actuar.

Los niños amaban a su Tía Sally porque era la única que podía pintar murales en las paredes de sus habitaciones. Ya fuera Strawberry Shortcake, Winnie the Pooh o incluso a los Oakland Raiders, para ella nada era difícil de pintar. Su facilidad con los niños hacía que fuera natural que ella fuera una excelente maestra de Escuela Dominical. En ese tiempo yo estaba pastoreando una nueva obra y ella sobresalía como una de las mejores maestras que teníamos. Aunque su habilidad de enseñar no se detenía en la clase. Ella también estaba bendecida con la habilidad de cantar y tocar el piano. Cuando no estaba preparando a los niños para un musical navideño o algo por el estilo, ella escribía sus propios cantos y los cantaba los domingos en el servicio de la noche. Todo lo que era capaz de hacer parecía ser anulado por el simple hecho de tener dificultad para ser fiel.

El Liderazgo Pierde el Barco

Aquellos en el liderazgo estaban desconcertados con sus incongruencias. Había períodos de tiempo en que ella se perdía en sus asuntos, momentos en que la depresión dominaba cada uno de sus pensamientos. Esto causaba un fracaso del cual luego se arrepentía, aumentando la lista de fracasos que continuarían causando problemas en su vida espiritual. Porque no la comprendían, el liderazgo decidió ponerla en la categoría de rebelde y en consecuencia más o menos la dejaron en paz. Lo que no comprendían era esto: la raíz de todos sus problemas no tenía su origen en un espíritu rebelde sino en una tragedia ocurrida años atrás y que todos desconocían. Era un secreto que estaría oculto de la familia hasta años después en su vida adulta. Cuando niña, uno de nuestros tíos abusó sexualmente de ella. Fue algo que continuó y causó problemas de promiscuidad en los primeros años de secundaria, de los cuales no pudo deshacerse cuando creció. El dar su vida a Cristo había desminuido un tanto el problema pero como estaba escondido, las pesadillas continuaron. La vergüenza causada por su inestabilidad causó que ella y su familia dejaran la organización por una con creencias diferentes.

Ella continuó haciendo cambios en su estilo de vida, en su adoración y en la manera que servía a Dios, cambios que yo sabía que más adelante iban a regresar a atormentarla. Siento que necesito aclarar algunas cosas antes de continuar. La forma en la que yo sirvo a Dios, no es la única manera en que una persona puede convertir el cielo en su hogar. Porque lo que yo he recibido, ha venido a mí por medio de revelación, no puedo culpar a alguien que no ha llegado al mismo conocimiento de Cristo que yo. Sería injusto juzgar a una persona por algo que no entendió o comprendió. Habiendo dicho esto, también creo que una vez que la verdad es revelada a una persona en particular, la revelación no puede ser deshechada. Seremos responsables por lo que ha sido revelado a nosotros y no importa quien más tenga éxito en diferentes modos, nosotros seremos juzgados por la luz que hemos recibido. El libro de Santiago lo dice de esta manera:

...no os hagáis maestros muchos de vosotros, sabiendo que recibiremos mayor condenación. -Santiago 3:1

Por qué Una Exhortación Tan Fuerte

La advertencia fue hecha clara y precisa porque Santiago entendía que la gente de Dios no sería juzgada igualmente. También pudo haber incluido a los ministros, evangelistas, pastores, obispos, apóstoles, etc. Pero la categoría de maestro incluye a todos éstos y sólo hubiera hecho su declaración más redundante. Yo no creo que sea una exageración el incluir a los creyentes también porque en un momento u otro nosotros estamos enseñando a los niños, a la familia y hasta a los nuevos convertidos. A Dios le gustaría revelarse, Él mismo, totalmente a todos sus hijos, no solamente a pocos.

Mi relación con mi hermana Sally nunca fue igual. Aunque todavía nos visitábamos de vez en cuando, podías sentir la tensión y la intranquilidad cuando entrábamos en su casa. Su risa no era la misma, sus bromas tampoco lo eran. Pero cada palabra o acción era precavido en gran manera. Su nueva forma de vida en Dios no trajo la estabilidad que ella estaba buscando y creo que esto fue lo que le hizo aún más daño. Para dejar todo lo que conocía fue necesario dar un gran paso de fe. Ver la manera en que resultó todo ciertamente era inquietante. El regresar y admitir que fue un error, significaría dar un paso aun más grande de humildad, uno que mucha gente no da.

Me gustaría avanzar en el tiempo y llegar tres días antes de su muerte. Hacía algún tiempo que iba al doctor por irregularidades que había estado sufriendo en su cuerpo. Los doctores no podían encontrar nada mal con ella, así que con una nota de buena salud la mandaron a casa. Fue en este momento que el Señor agitó el espíritu de mi mamá, tanto que le pidió a Sally que le permitiera quedarse con ella hasta que se mejorara. Nunca en los alrededor casi 30 años, que mi hermana estuvo casada, mi mamá jamás había pasado la noche con ella. Hablé un poco sobre mi padre y de la carismática personalidad que tenía. Mi mamá era completamente lo opuesto. Ella habla solamente cuando se le dirige la palabra. Pienso en todas sus hermanas, seis en total y ella es la más callada. Yo me parezco mucho a mi mamá en personalidad, pero eso no es lo único que tenemos en común. Mi mamá es una gran guerrera de oración y cuando entra en la presencia de Dios es cuando pierde su silencio. No era extraño que ella pasara horas a la vez, llorando ante el Señor, intercediendo por aquellos en necesidad. Si hay una sola cosa que me transmitió mi madre y aprecio más que cualquier otra cosa fue su hábito de orar.

La mañana en que mi hermana murió, ella despertó con dolor y con falta de aliento. Inmediatamente pidió que llamaran a mi madre, quien le pidió a mi cuñado que me hablara a mí. Con gran emoción me dijo que fuera a orar por mi hermana. "Hay algo que está terriblemente mal y necesitas venir lo mas pronto posible" gritaba de desesperación. Le dije que en ese momento no tenía transporte, pero que en cuanto pudiera, estaría allí. Inmediatamente, después de colgar, una gran urgencia de orar me invadió y me apresuré a mi habitación para interceder por ella. Durante ese momento de intercesión, el Señor me dio una visión que empezó a calmar la aflicción de mi alma. La vi con sus manos levantadas, lagrimas corrían sobre sus mejilla y con todo su corazón hablaba en otras lenguas según el espíritu vocalizaba. Yo había interpretado eso como que llegado el momento yo iría a orar a su casa, Dios la sanaría y ella volvería a Dios de la manera que ella había conocido antes.

Pero eso no iba a ser así. Mientras tanto, sin ningún pánico, mi mamá tomó a mi hermana de la mano y dijo, "Sally, es tiempo de orar". Mi hermana sabía lo que venía a continuación y eso la hacía sentir bastante preocupada. Cada oración que mi mamá alguna vez haya hecho, significaba que tocaría a Dios en el Espíritu, hablando en otras lenguas.

Mientras mi hermana intentaba hacer entender a mi mamá que ella ya no oraba de esa manera, mi mamá no

Mientras Esperas

aceptaría un no por respuesta. Agarró a mi hermana de la mano, la levantó hacia el cielo y se soltó. En unos minutos estaba en la presencia de Dios y una nube de gloria llenó el cuarto. No pasó mucho para que mi hermana la siguiera y juntas tomaran provecho del esplendor y la grandeza de nuestro Dios. Ella por fin estaba en el lugar donde nadie le podía hacer daño. Un lugar donde era aceptada tal y como era. Encontrándose una vez más en los brazos de Dios, murió dándole a Él la gloria. Había pasado media hora desde la llamada de mi cuñado. La próxima voz que escuché en el teléfono fue la de mi mamá diciéndome que hacía unos momentos mi hermana había muerto.

Estaba tan confundido porque honestamente pensé que no solamente iba a sanar sino que aún mejor, ella regresaría de manera que uniría a la familia. Cuando por fin pude llegar a la casa de mi hermana, varias horas después, la mayoría de la familia estaba ahí, bastante afligidos conmigo. Ellos eran de la opinión de que si hubiera llegado a tiempo, Dios me hubiera usado para sanarla y no hubiera muerto. Estoy consciente de que muchas veces Dios me ha usado para orar por las enfermedades de gente desahuciada por los doctores. Estas enfermedades no tenían remedio; eran enfermedades que no daban ni una esperanza. Aun cada vez que Dios me había escogido para poner las manos sobre ellos para su sanidad, siempre había una cosa de la que constantemente era recordado. Ya fueran ciegos, sordos, esos afectados con SIDA o víctimas de cáncer, sabía que yo sólo era una vasija de barro que permitía que el espíritu de Dios fluyera libremente. Sí, Dios podía efectuar los milagros sobre mi, pero YO NO ERA DIOS.

Buscando Una Confirmación

Mi mamá me llevó al cuarto donde ella estaba. Al mirarla parecía que estuviera durmiendo. Varios pensamientos comenzaron a inundar mi mente. No solamente tenía que reconciliar la mala interpretación de la visión que había tenido, también estaba consciente de que tendría que tratar con la posibilidad de un cambio de perspectiva. Por años se nos había enseñado que cuando un miembro de la iglesia se iba, el cielo no era opción para ellos. Estaba listo para defender esa posición, aunque eso significara que mi hermana sería afectada. Desesperadamente necesitaba escuchar de Dios para ver si en su muerte habría una nueva lección que aprender. Me salí del cuarto por unos momentos para poner en orden mis pensamientos. Mientras que intentaba evitar al resto de la familia, quienes ahora parecían estar inquietos conmigo, yo oraba silenciosamente. Hasta este punto en el ministerio, Dios siempre ha sido bueno para darme confirmación de lo que Él quería que hiciera.

Mientras buscaba frenéticamente una confirmación, el Señor me habló constatando que una vez que regresara al cuarto, la confirmación que buscaba estaría delante de mis ojos.

Antes de que comparta con ustedes lo que el Señor había revelado, al recordar la vida de mí hermana, me di cuenta de cuánto sufrimiento estuvo dispuesta a aguantar. Su depresión la llevaba a lugares tan oscuros y siniestros que a veces la encontraba sola, en una casa completamente oscura, con la vista fija en el vacío y con lágrimas corriendo por sus mejillas. El alma de la fiesta era una persona tan distinta cuando estaba sola. Afligida, descontenta, deprimida, desalentada, desanimada, triste, abatida, decaída; adjetivos que impecablemente describen cómo se sentía. Elijan cualquiera de estos adjetivos, intercámbienlos de vez en cuando y se adaptaran perfectamente. Era muy buena para esconderlo en público, pero en la privacidad de su casa, fuera de la opinión pública, lo que en verdad pensaba de sí misma la estaba matando. Su Dios era un Dios de juicio y ¿cómo podría ella escapar de su ira con todo el mal que había hecho? No importaba que Dios ya hubiera perdonado todas las transgresiones de su pasado y que también las hubiera olvidado. Creer que Dios también era un Dios de misericordia, perdón y de restauración, nunca tuvo la oportunidad de encontrar un lugar donde asentarse en su corazón. Por consiguiente, siempre vivió su vida con temor. Por un breve instante, mientras entraba en la presencia de Dios por última vez, ella encontró la paz que siempre había buscado. Fue en ese momento que ella murió, continuando con su regocijo en el cielo.

Entré a su habitación con gran temor pues no estaba seguro de lo que iba a encontrar. Estaba dispuesto a defender lo que se nos había enseñado, pero también esperaba que Dios me mostrara algo y confirmara que algún día volvería a ver a mi hermana en el cielo. Miré a mi amada hermana mayor por última vez y todo se veía casi igual a como lo había visto la primera vez, excepto por una deslumbrante diferencia. El Señor había puesto una sonrisa en su rostro. A pesar de todo lo que había sufrido, a pesar de todo lo que había soportado, que Dios se expresara por sí mismo con esa sonrisa significó más que un signo de exclamación. Estático con su confirmación, le di mi último adiós, despidiendo a mi única e irrepetible "ARNOLD."

Bastante sentimental, ¿no? Yo sé que experiencia y revelación no anulan la palabra de Dios. Tiene que haber algo en las escrituras que confirme lo que acabo de escribir. Es mucho más fácil esconderse detrás de creencias tradicionales que nunca se basaron en la palabra de Dios o creyeron en su mala interpretación. Para aquellos de ustedes que creen que mi hermana no merecía la gracia de Dios o ser perdonada antes de morir, por dar un buen ejemplo, estoy de acuerdo con ustedes. El vivir para Dios y luego fracasar una y otra vez no es la manera ideal para que nosotros, sus hijos, sirvamos a Dios. Pero Dios en su infinita sabiduría sabía que había otra manera de tocar su trono, llamando a una madre callada, quien sabía cómo adorar. Cuando mi madre logró que mi hermana exaltara el nombre de Jesús, lo que en realidad estaban haciendo era invocar la escritura en Isaías 30:18. Isaías no pudo haberlo escrito con mayor simpleza. LA MISERICORDIA SIEMPRE VIENE A AQUELLOS QUIENES ADORAN A DIOS.

Ese día, cuando suspiró su último aliento y entró a la eternidad, fue la misericordia, no la gracia la que la acompañó hasta el cielo.

Pensamientos Finales

Regresemos al versículo con el que comenzamos este capítulo. El verso simplemente dice que el Señor esperará y Él tendrá gracia de ti. El Señor esperó a mi hermana Sally y aunque murió, Él tuvo gracia de ella. Cuando Sally levantó sus manos en adoración con mi madre, el Señor fue engrandecido y tuvo misericordia sobre ella.

El adorar a Dios a lo largo de un día malo, puede que no sea lo más fácil de lograr pero sin embargo es la manera de Dios.

Por tanto, Jehová esperará para tener piedad de vosotros, y por tanto, será exaltado teniendo de vosotros misericordia; porque Jehová es Dios justo; bienaventurados todos los que confían en él -Isaías 30:18

Capítulo 6
Decido Diferir

La cordura del hombre detiene su furor, Y su honra [gloria] es pasar por alto la ofensa   -Proverbios 19:11

La última parte de esta escritura comienza hablando sobre la honra de una persona. En este caso intercambiaré la palabra honra por gloria. Por definición del diccionario Webster, gloria es algo que distingue a una persona de otra. Un rasgo que sobresale es suficientemente brillante para ser notado por todos y es una parte de nuestras vidas de la cual tenemos un orgullo especial. Por ejemplo, la gloria de un hombre es su esposa (Proverbios 12:4). La gloria de una mujer es su cabello (1 Corintios 11:15). Cuando hablamos en términos de la obra de Dios, la gloria de una persona es su ministerio. Es con el punto de vista de Salomón sobre la gloria con el que no concordamos. Según el hombre más sabio de todos los tiempos, una vez que se haya llegado a la decisión de aplazar (diferir) nuestra furia, su gloria le permitirá pasar por alto la ofensa. En otras palabras, podemos posponer nuestros derechos hasta más tarde cuando nuestro pensamiento sea mucho más racional, permitiéndonos perdonar con mucha mayor facilidad que si hubiéramos exigido un juicio allí mismo.

Si estás teniendo tanto problema para aceptar este concepto como yo lo tuve la primera vez que Dios trató conmigo durante el día malo, toma un número. Los fariseos tuvieron un problema parecido cuando un día Jesús habló con un hombre paralítico.

Al ver Jesús la fe de ellos, dijo al paralítico: Hijo, tus pecados te son perdonados." -San Marcos 2:5

Muchos de nosotros hemos sido llevados a creer que los Fariseos estaban enfurecidos porque Jesús se estaba haciendo pasar por Dios. El problema era éste, en esta ocasión Jesús estaba hablando como hombre y no como Dios. Lo que en verdad debería haber causado que se enardecieran y estuvieran listos para luchar fue que Jesús, como hombre estaba sentando un precedente. Si el perdón pudiera ser una característica del hombre y no sólo de Dios, entonces ellos como hombres, también hubieran tenido que hacer lo mismo. Esto era algo desconocido para ellos porque la ley sólo tenía espacio para juicio y condenación, pero no para perdón. El verdadero poder del perdón se demuestra en las palabras de Jesús:

¿Qué es más fácil, decir al paralítico: Tus pecados te son perdonados, o decirle: Levántate, toma tu lecho y anda? Pues para que sepáis que el Hijo del Hombre tiene potestad en la tierra para perdonar pecados (dijo al paralítico): A ti te digo: Levántate, toma tu lecho, y vete a tu casa.
-San Marcos 2:9-11

Desatando La Gloria de Dios

El Señor sabía que los Fariseos tendrían dificultad para responder cualquiera de las dos preguntas, porque nunca habían perdonado a nadie ni mucho menos visto una sanidad milagrosa. La clave del versículo 10 es la frase "Hijo del Hombre." Es la frase que Jesús constantemente usó para identificar su lado humano. El poder del perdón iba a ser desatado a través de su humanidad. Esta es la lección que Jesús estaba intentando enseñar a todos los que escuchaban ese día cuando el paralítico sanó. EL PERDÓN SIEMPRE DESATA LA GLORIA DE DIOS. Una y otra vez, he escuchado a líderes de alabanza decirnos que la gloria de Dios está presente en el santuario mientras que intentan llevarnos al trono de Dios en adoración. Mientras tanto dentro de la familia hay miembros disgustados los unos con los otros. Maridos y mujeres están listos para separarse porque ya no están de acuerdo. Los hijos se están rebelando contra sus padres y se burlan del pastor inconmensurablemente.

No somos nada diferente del inválido que se sentaba a la orilla del estanque de Betesda, esperando a que el ángel moviera las aguas (San Juan 5:1-15). Sabiendo que el primero que descendiera al agua quedaría sano, siempre se estaban empujando por un lugar. No importaba quién fuera lastimado en el alboroto, el resultado final era arrojarse al estanque antes que cualquier otro. Sus intenciones no eran de parecerse más a Cristo cuando recibieran su sanidad, lo único que querían era que su oración fuera contestada para que pudieran continuar con sus vidas.

¿Suena familiar? Si nosotros en verdad permitiéramos que nuestro perdón por otros desatara la gloria de Dios, entonces no estuviéramos tan inclinados a estar satisfechos con un movimiento de su Espíritu los domingos por la tarde. Tampoco hubiera desacuerdos entre los miembros de nuestra familia, ni hubiera la posibilidad de rupturas de matrimonios. Los hijos honrarían a sus padres en el Señor, y al pastor se le daría el honor que merece. El beneficio más grande de desatar su gloria sería las almas que se salvarían en número récord. Mientras se dirigen hacia la casa de Dios llena de gloria, ellos también dirían las mismas palabras de aquellos que vieron a Jesús en acción ese día, *"Nunca hemos visto tal cosa."* (San Marcos 2:12) Era su gloria la que los movía a ser salvos.

Moisés Decide Diferir

Saber que diferir la ira era el primer paso hacia el perdón no lo hacía más fácil para Moisés cuando tuvo que lidiar con

Un Dia Malo

su hermano y hermana. María y Aarón constantemente se burlaban de su esposa. Se empeoró tanto la situación que se volvió parte del diario quejar de María. Una de las lecciones más grandes que he podido aprender de la vida de María es ésta. Aunque las imperfecciones de nuestra personalidad sobresalgan, aun así Dios nos puede usar en gran manera. No solamente era una profetisa sino que con su personalidad carismática era una de las favoritas de la multitud. ¿Acaso no fue María la que dirigió la línea de conga más grande cuando los hijos de los Israelitas escaparon de Egipto? ¡Ténganlo por seguro! Tocando el pandero como si fuera la última vez, ella estaba decidida a dirigirlos fuera del cautiverio con estilo. El Señor no iba a esperar que la vida de María se alineara perfectamente en todas formas para que pudiera hacer el trabajo de Dios. Entretanto, mientras que Dios cincelaba los defectos, Moisés tenía que aguantar a la bocona de su hermana.

Después de uno de sus ataques legendarios contra la esposa de Moisés, Dios había visto bastante y dictó sentencia contra ella. Él decidió convertirla en leprosa, la sentencia más vergonzosa que un hebreo podía experimentar mientras estuviera vivo. Esto era así porque convertirse en leproso significaba que Dios había juzgado un pecado horrible en tu vida, una sentencia irreversible. En realidad, Moisés estaba en todo su derecho de dejar que el martillo de Dios cayera, permitiendo que el Señor se desquitara de todas las pérdidas que había sufrido a causa de su irrespetuosa hermana. Haciendo sus derechos al lado, él decidió diferir. Una carga insoportable cae sobre él para que pueda interceder por María, suplicando a Dios por misericordia.

En la sociedad de hoy en día, nadie está dispuesto a renunciar a sus derechos, incluso aquellos en la iglesia. Ya sea africano-americano, hispano o indio todos tenemos derechos. La buena voluntad de pelear por los derechos incluye mujeres, gays, niños, personas con discapacidades físicas, etcétera, etcétera, etcétera. Ante los ojos de todos los americanos que tienen derechos, Moisés es visto como un

Decido Diferir

tonto. ¿Quién en su mente sana renunciaría a algún derecho de liderazgo?, especialmente cuando le son entregadas en bandeja de plata. Muy pocos están dispuestos a humillarse a sí mismos y a diferir sus derechos para que el reino de Dios pueda crecer.

El diferir nuestros derechos bajo todas las circunstancias parece irse un poco al extremo. ¿Acaso Dios espera que siempre pongamos la otra mejilla aun cuando los ataques se vuelven personales? Tú sabes a cuáles me refiero. Hay confrontaciones que debilitan tu carácter, tu integridad y tus motivos. Continúan hasta alcanzar el centro de tu interior con la habilidad de alterarte completamente. Te sientes totalmente indefenso porque cada intento de defenderte es inútil. Tus buenas obras son percibidas como malas y tus errores son exagerados. Hasta tus motivos son juzgados como corruptos, mientras que se aseguran de remover cielo y tierra. En esta condición queremos que nuestra versión sea escuchada para que se conozca la verdad, pero nadie quiere darse el tiempo de escuchar.

Una Oración Que La Mayoría De Nosotros No Oraríamos

Un diácono joven, de nombre Esteban se encontró en un aprieto parecido (Hechos 6:87:60). Él fue escogido entre los mejores para ayudar a los apóstoles. Tenía buena reputación y estaba lleno del Espíritu Santo y de sabiduría. Sus credenciales eran impecables, hasta el punto de humillarse para servir mesas sin quejarse. Después de cumplir con sus responsabilidades diarias, con un gozo y una alegría no encontrado en otros, el salía y predicaba el Evangelio con mucho éxito. Siempre hay gente alrededor que se esté quejando de cualquier cosa y había un grupo llamado libertos que no podían con el éxito de Esteban. Ellos soliviantaron a la gente, pusieron a testigos falsos, lo acusaron de blasfemia y lo presentaron ante el concilio. Esteban empezó su defensa de blasfemia citando escrituras del Antiguo Testamento. Aunque toda su respuesta a sus preguntas estaba arraigada en

Un Día Malo

las Escrituras, aún así lo condenaron a muerte. Algo muy extraño ocurrió mientras lo arrastraban, echándolo de la ciudad para morir apedreado. Cuando las piedras comenzaron a volar, él invocó el nombre del Señor. Si alguna vez hubo un joven que tenía el derecho de orar a Dios por su vida, era Esteban. Apenas empezaba a florecer en su ministerio. Señales, maravillas y grandes milagros se convirtieron en algo común cuando el obedecía la voz de Dios. Cosas aún más grandes estaban reservadas para él y su futuro parecía prometedor. Su vida no podía acabar de esta manera, ni aquí, ni ahora. Pero sus oraciones, tal vez no eran como las que tú y yo hemos orado, porque él no oró por él mismo. Después de ver la gloria de Dios, su oración se convierte en una de perdón.

Pero Esteban, lleno del Espíritu Santo, puesto los ojos en el cielo, vio la gloria de Dios, y a Jesús que estaba a la diestra de Dios, y dijo: He aquí, veo los cielos abiertos, y al Hijo del Hombre que está a la diestra de Dios. ... Y puesto de rodillas, clamo a gran voz: Señor, no les tomes en cuenta este pecado. Y habiendo dicho esto, durmió. -Hechos 7:55-56, 60

Esteban tomó una decisión y solo una. Él decidió diferir su ira y con esto la gloria de Dios fue desatada. Solamente se necesitó un atisbo de la gloria de Dios para que fuera trasladado al corazón de Esteban. Es por eso que cuando Esteban pronunció sus últimas palabras, sonaron parecidas a las que dijo Jesús antes de morir en la Cruz del Calvario.

Y Jesús decía: —Padre perdónales, porque no saben lo que hacen. " -San Lucas 23:34

Solo, asustado, tal vez sin saber qué hacer pero cuándo la gloria de Dios tomó pleno efecto, le fue dada suficiente fuerza, valor y las palabras adecuadas, para pasar por alto una trasgresión que le costaría la vida. Esto fue posible porque él tomó la decisión de diferir.

Decido Diferir

Después de examinar cada uno de los movimientos que Esteban hizo y de analizar desde cada ángulo posible, todavía me es difícil creer que el cristiano regular pueda llevar acabo lo que Esteban hizo. Se volvió aún más difícil aceptar cuando Jesús vino a mí durante mi día malo pidiéndome que renunciara a mí derecho de estar enojado con Gloria. Ya habían pasado cuatro años desde que mi esposa había decidido vivir un nuevo estilo de vida, uno que no me incluiría a mí. A pesar de todo lo que sufrí, a pesar de todo lo que se había perdido, sabía que si hubiera sido el único afectado por su decisión, de algún modo u otro con el tiempo habría hallado el modo de perdonarla. El problema era que el dolor de la separación encontró la manera de entrar a los corazones y vidas de nuestros hijos.

El Dolor Más Profundo De Aguantar

Una cosa es tener que aguantar dolor, pena, confusión y pérdida; otra es cuando tus hijos son arrastrados hacia la misma situación difícil. Que Timothy (mi hijo) haya decidido quedarse conmigo, era mandato de Dios, por lo menos para mí. Si hubiera tenido que pasar por el día malo sin él a mi lado, nunca lo habría logrado. Es triste decir que el estar lejos de su mamá y de sus hermanas lo perturbó profundamente.

El comunicarse con su madre le fue algo difícil, porque era rara la vez que ella estaba en casa. Cuando lograba hablar con ella, las conversaciones normalmente eran cortas y algo secas. Por su manera sencilla de pensar, él no podía entender por que su mamá se apartaba de él cuando más la necesitaba. Esto causó mucha culpabilidad, enfado y frustración. Estas emociones se intensificaron tanto que afectaron muchísimo su trabajo escolar. Sus calificaciones comenzaron a caer debajo del promedio escolar que necesitaba obtener para calificar para una beca y esto por consiguiente hacía más difíciles nuestros problemas financieros. Intenté explicarle que su mamá estaba confundida y que con el tiempo todo volvería a la normalidad. Con desesperación quería creer en esto, pero si ni siquiera me podía convencer a mí mismo, sin duda Timothy no se lo tragaría. Según él, "el consentido" había perdido su lugar y a lo mejor nunca lo volvería a ocupar otra vez.

Mis hijas eran otra historia. Gloria nunca les había mentido, claro que verdades a medias pueden tener el mismo efecto. De la nada, mis hijas se volvieron hostiles hacia mí. El solo estar en el mismo cuarto conmigo les revolvía el estómago y yo no comprendía por qué. Intenté preguntar qué estaba pasando y solamente recibía miradas sin expresión y respuestas indiferentes. Ustedes deben entender que durante un largo tiempo, ellas fueron las "niñas de papá." Cuando estaban creciendo y necesitaban a alguien que les enseñara como pasearse en una bicicleta, yo estuve allí. Cuando se trataba de ir al parque o de jugar carreras sobre el Puente "¡Yupi!", ¿adivinen quién estuvo allí? Por supuesto que yo, el papá a todo dar. Ya sea que les enseñara a regatear y lanzar una pelota de baloncesto o les explicara las complicaciones de sacar una pelota de voleibol, siempre era yo el que lo hacía. Uno de mis talentos más grandes cuando estaba criando a mis muchachas, era cuando tenía la oportunidad de hacer mi imitación de James Bond. El lograr sacar a los niños secretamente para ir por nieve o dulces sin ser sorprendidos por "La Gran Mamá", era una hazaña de la cual 007 se hubiera sentido orgulloso.

Claro de que cuando se trata de las cosas espirituales, no había nada que me enorgullecía más que cuando puse mis manos sobre mis hijas y Dios las llenó con el bautismo del Espíritu Santo. Cuando decidieron bautizarse en agua, en tiempos diferentes, no solo tuve el honor sino que también tuve la oportunidad de predicar el mensaje. Me acuerdo que en mi preparación quería que los mensajes fueran especiales y lo fueron. El de Stephanie se intitulaba "Cuando Mi Princesa se Convirtió en Reina" y el de Christi se intituló "Cambiando Alas de Ángel por una Corona del Señor". Me prometí a mí mismo que nunca los volvería a predicar, únicamente porque fue mi mensaje personal para ellas. Teniendo todo esto en cuenta, me estaba matando el que mis hijas no quisieran tener

Decido Diferir

nada que ver conmigo.

Finalmente llegó a un punto crítico durante un fin de semana de Acción de Gracias, cuando todos comenzamos a compartir lo que estaba en nuestro corazón. Cuando llegó mi momento de compartir, pelear contra las lágrimas era una batalla perdida. Intenté explicar lo mejor que pude lo que había sucedido entre mamá y yo y cuando terminé, ellas también estaban en lágrimas. Aunque pudimos hacer las paces, todavía faltaba una cosa por resolver, que cuando pensaba en ello, me hacía hervir la sangre. Su caminar en Dios había sido puesto en suspenso, sin ningún plan inmediato de volver a la normalidad. Se les dio libertad que está reservada sólo para adultos y sólo era cuestión de tiempo para que ellas también se metieran en problemas. Sin entrenamiento bíblico, sus perspectivas sobre la vida se convirtieron en aquellas que miraban en la televisión o leían en revistas mundanas.

No les guardo rencor por haber elegido una forma de vida más fácil. Probablemente, yo habría hecho la misma cosa si hubiera sido puesto en la misma situación. Aunque la única cosa que tengo que admitir es que el dolor que tengo que aguantar al ver a mis hijas no servir a Dios, es un dolor más grande del que cualquiera que haya sufrido. Ahora me doy cuenta que nuestro divorcio les ha afectado tanto, que ellas mismas han reconsiderado el casarse. Estas son algunas de las ideas que Christi puso por escrito sobre el matrimonio y le ayudaron a ganar primer lugar en un concurso de ensayos a nivel de distrito:

Una Pérdida De Fe

Cuando tomamos nuestros votos matrimoniales y decimos que sí aceptamos, se supone que es para siempre, ¿verdad? Para mi gran pesar, he aprendido que para siempre no es precisamente lo que solía ser. De muchacha, pensaba que el matrimonio era un maravilloso cuento de hadas y que sólo debía esperar llegar a mi príncipe. Solía pensar que las personas que estaban casadas, tenían un vínculo que nunca podría ser deshecho. Aún cuando uno pronuncia en serio sus votos en el día de la boda, tristemente la gente cambia y la distancia los separa.

Mientras crecía, vi cómo los matrimonios de los padres de mis amigos fracasaban y pensaba lo afortunada que era yo, porque eso nunca me podría pasar a mí. Yo era la persona que mis amigos envidiaban porque mis padres todavía estaban juntos después de tanto tiempo y les iba bien. Tuve una estupenda infancia, con una familia cariñosa, la que me dio memorias maravillosas. Cada sábado pasábamos el día en el parque que queríamos y comíamos en el restaurante que queríamos. Recuerdo que pensaba lo maravilloso que era el matrimonio de mis padres y de cómo el mío sería igual de maravilloso.

Parecía que mi mundo de felicidad comenzó a derrumbarse al principio del año de mi octavo grado. No podía comprender todo lo que estaba sucediendo. ¿Cómo dejas de amar a alguien después de 25 años? ¡Me sentía tan defraudada! Cómo podía suceder esto cuando mis padres estaban tan felices. Por supuesto que en el transcurso del año, ni siquiera quería estar en casa. Mis padres no sólo estaban teniendo problemas matrimoniales sino mi papá pensaba que sería mejor mudarnos al norte, como si todo fuera a cambiar y mejorar mágicamente. Mi vida se estaba derrumbando ante mis ojos y no había nada que pudiera hacer excepto llorar.

Ahora tengo 17 años, estoy en el último año de secundaria y vivo con mi mamá. Debido al matrimonio fracasado de mis padres y a los matrimonios fracasados de los más cercanos a mí, tengo desconfianza de casarme. El día de la boda, nadie tiene la intención de divorciarse. Cuando uno está enamorado, parece que uno se convierte en un optimista, lo que en realidad puede nublar el juicio sobre la realidad. Tristemente, ahora soy algo pesimista cuando se trata del matrimonio. Casi ni me quiero casar porque, ¿de qué sirve si uno se va a divorciar? La vida me ha enseñado que el amor y el matrimonio no son un cuento de hadas y que no todos van a terminar siendo felices por siempre.

La idea del matrimonio ya no es lo que era antes. En vez de pensamientos felices de encontrar al príncipe de mis sueños, constantemente estoy tratando de detectar si es el príncipe equivocado. Pensaba que el matrimonio era para siempre y nada lo podía quebrar pero la vida me ha enseñado lo contrario. Ahora cuando pienso en el matrimonio, solamente pienso en el divorcio.

Es triste saber que ahora la mayoría de las personas están

divorciadas, cuando había una época en la que el divorcio era algo insólito. *Ahora parece que el matrimonio no vale la pena, pero un día espero que alguien me demuestre lo contrario y que me pueda mostrar que puedo ser amada, y que el matrimonio puede durar para siempre.*

¿Queda alguna duda de que Dios odia el divorcio?

Porque Jehová Dios de Israel ha dicho que él aborrece el repudio [divorcio]...   -Malaquías 2:16

Por Qué Dios Odia el Divorcio

No tanto por la pareja que está involucrada sino porque el resto de la familia tiene que sufrir innecesariamente. Hay consecuencias que los hijos tienen que enfrentar no tomadas en consideración por los padres; a causa de esto, el divorcio se ha convertido igual de común en los hogares cristianos como en los hogares no cristianos. Habiendo dicho esto, ¿pueden comprender por qué no estaba dispuesto a diferir mi coraje hacia mi esposa? La odiaba con todas las fuerzas de mi cuerpo. ¡Dios! Como la odiaba. Mis palabras ni siquiera alcanzan a describir las emociones que sentía hacia ella. Nunca me había sentido así por alguien en toda mi vida, ya que por naturaleza soy una persona muy indulgente. La devastación de mis hijos por fin trajo a la superficie un odio que jamás pensé sería posible. En todo caso, quería venganza no perdón. Este deseo empezó a consumir cada uno de mis pensamientos y ¿por qué no? Estaba en todo mi derecho, por lo menos eso pensé. Su respuesta fue contundente cuando Él dijo:

Mía es la venganza, yo daré el pago, dice el Señor.
       -Hebreos 10:30

El Señor quería encargarse de la situación y así de difícil cómo era tragarse esto, el tener que diferir mis derechos parecía imposible. Me acuerdo que le suplicaba que retirara su petición. El daño había estado arraigado tan profundamente que no había nada que se pudiera hacer para aliviar el dolor. Había llegado al punto de que solamente quería que ella le doliera tanto como a mi me dolía y en verdad no me importaba cómo sucediera. En mi mente, ella merecía el dolor más insoportable, atroz y espantoso que una persona pueda sufrir sobre la faz de la tierra y a causa de esto el perdón era algo imposible.

El Primer Paso Hacia El Perdón

Fue con este tipo de actitud que el Señor me volvió a impulsar, pidiéndome que difiriera. Entonces me explicó que Él no me estaba pidiendo que perdonara. Él dijo que el pedirle a uno de sus hijos que perdonara, cuando su corazón había sido destrozado en pedazos, sería un castigo cruel e insólito, algo que Él jamás pediría. "El primer paso hacia el perdón es primero diferir todos tus derechos y tu coraje", dijo el Señor. "Lo único que te estoy pidiendo" continuó, "es que tomes una decisión, una que me entregara la responsabilidad para corregir todo." Yo argumentaba que sentía que sería imposible soltar mis sentimientos y ser insensible en un abrir y cerrar de ojos. Además, después de agotar todas mis fuerzas y esfuerzos para lograr pasar este día malo, ya no me quedaba nada para completar una petición tan enorme. Él dijo suavemente, "ése es Mi problema, no el tuyo, yo solamente necesito que tomes la decisión."

Y me ha dicho: Bástate mi gracia; porque mi poder se perfecciona en la debilidad. -2 Corintios 12:9

Intenté recordar varios momentos de mi vida cristiana para ver si la gracia de Dios, en realidad había sido suficiente en tiempos de debilidad. Comprender que la gracia siempre es iniciada por Dios y no puede ser pedida por nosotros, nos pone a prueba porque no estamos en control. Por fin, mis objetivos fueron resueltos cuando Él trajo esto a la memoria. Vamos a ver si pueden identificarse con esto.

Cuando hemos empezado un viaje en particular, a través

de nuestro caminar cristiano, de vez en cuando habrá un bache espiritual que tiene la oportunidad de eliminarnos. Para nuestro disgusto, no importa lo que hagamos, parece que no vamos a poder escapar. Luego, de la nada, hay una fuerza increíble que nos levanta y con fuerzas renovadas, podemos continuar. El viaje es largo y bastante agotador, así el proceso se repite varias veces. Cuando por fin alcanzamos nuestro destino, victoriosos sobre todos los obstáculos, todavía hay una pregunta que es alucinante. Mientras que se nos permite dar la vuelta y mirar precisamente que tan lejos hemos llegado, preguntamos, "¿Cómo es qué lo logramos?" Dios sencillamente responde, "con mi gracia." Traten de explicarlo tanto como quieran pero simplemente no pueden explicar la gracia. Ésta es ordenada por Dios, diseñada por Dios y hecha para Dios, con todas los "cómo" escondidos en los portales del cielo.

Con tanta fe como la que tenía cuando respondí al llamado de Dios para convertirme en un evangelista (casi nada), tomé la decisión de diferir. Fue solamente una decisión. Sin embargo, será una decisión que jamás olvidaré. Después de un período de tiempo y en verdad no sé cuánto tiempo, todo el dolor físico, la angustia psicológica, el rencor y todo lo similar que sentía hacia Gloria desaparecieron. Ojalá y por Dios pudiera explicarles cómo lo logré, pero no puedo. Si alguna vez hubo un toque de Dios, iniciado por su gracia sería aquí, en mi día malo. Fueron las intenciones de Dios que yo llegara a este lugar, para que ahora que hablamos sobre el perdón, estuviera más dispuesto a hacerlo.

Una Gloria Desconocida

El estar en paz conmigo mismo, significaba que el perdonar a Gloria sería una mera formalidad. El problema era éste. Me sentía tan bien, que pensaba que había hecho algo malo. Entonces hice lo que se había convertido en una costumbre durante el día malo y eso era buscar consejos en otros. El consejo casi siempre era el mismo, pensaban que era bastante noble que estuviera dispuesto a perdonar a Gloria, pero pensaban que estaría fuera de lugar el reanudar el matrimonio. Sólo porque había un impulso en mi espíritu, decidí ver lo que Dios tenia que decir acerca de la situación. Fue por medio de esta oración que Dios había revelado un gran cambio que sería parte de mí de aquí en adelante. Él dijo, "Hijo mío, la razón por la cual ellos no te comprenden, es porque esta cosa que se llama perdón, se ha convertido en tu **GLORIA**. Tu decisión de diferir permitió que mi Espíritu tratara contigo de manera que no había sido posible hasta este punto. Y porque te has permitido ser vulnerable a las influencias de afuera, he depositado algo en ti que pocas personas han recibido. A medida que pase el tiempo, tú brillarás más y más, siendo el ejemplo terrenal que yo necesito para mostrarles a mis hijos lo que el verdadero perdón es.

Es increíble como Dios tiene la habilidad de acabar con la dureza del corazón con una sola decisión. He experimentado en carne propia, la verdadera Gloria de Dios y eso nadie me lo puede quitar. El sol comienza a ponerse sobre mi día malo y aunque no se ha ido completamente, la parte más difícil ha quedado atrás. Más adelante todavía quedan problemas del divorcio. A principios del año 2005, después de cinco años de separación, Gloria presentó la demanda de divorcio. ¿Cómo afectaría a mis hijos, a mi ministerio y lo que es más importante, a mi relación con Dios? Sólo Dios lo sabe.

Capítulo 7
Dios Todavía Usa Lo Que Sobra

Mas yo haré venir sanidad para ti, y sanaré tus heridas, dice Jehová; porque desechada te llamaron... -Jeremías 30:17

Y el sacerdote echará del aceite sobre la palma de su mano izquierda. -Levítico 14:26

Mirando las dos escrituras de arriba, al discutir acerca del día malo, es fácil ver por qué la primera escritura está ahí. Pero, ¿qué tiene que ver la mano izquierda con seguir adelante y el ser restaurado una vez más? Vamos a darnos un tiempo para discutir sobre la mano izquierda y ver si podemos averiguar de qué se trata.

Históricamente, la mano izquierda ha tenido mala reputación. Tanto así, que algunas culturas han prohibido su uso. Era divertido ver el gran esfuerzo que mi esposa hacía para tratar de impedir que mi hijo usara su mano izquierda (es zurdo igual que su papá). Cuando tomaba su comida para comer, ella siempre cambiaba la comida a la mano derecha. Él se esperaba a que ella se fuera y la cambiaba a su izquierda, lo que le permitía comer más rápido. Hasta ahora, todavía come muy rápido.

Los zurdos siempre han sido considerados marginados, extraños, raros, etc. Por mucho tiempo, a los zurdos se les ha dicho que se adapten, conformen, modifiquen o que cambien su manera de ser. Como la mayoría de las personas en el mundo de hoy son diestras, ellos no se dan cuenta que nosotros vivimos en un mundo diestro. Debido a la atrofia de mi brazo derecho, tuve que aprender a tocar la trompeta con la zurda. Cuando fui a la clase de banda por primera vez, el instructor me dijo que tenía todo al revés, pero cuando se dio cuenta de que no había fuerzas en mi mano derecha, me permitió tocar de esa manera, para no desanimarme (un año después me había convertido en la primera trompeta de todo el distrito escolar).

Cuando comencé a estudiar contabilidad y me di cuenta que tendría que llegar a dominar la máquina de sumar, tener que hacerlo con la mano izquierda era una tarea bastante difícil porque todas las máquinas de sumar están hechas para ser usadas con la mano derecha. Nunca olvidaré el primer día de universidad cuando fui a la librería para comprar mis libros. Quién lo iba a decir, en verdad estaban vendiendo cuadernos para zurdos. Pensé que me había muerto y me había ido al cielo porque todos los zurdos saben lo difícil que es escribir en una libreta diestra. Aún cuando sutil, la demanda de conformidad todavía esta allí.

La Mano Izquierda En Las Sagradas Escrituras

A medida que el Señor empezó a hablarme sobre la mano izquierda, pensé que en las escrituras podría encontrar algo positivo. Es triste decirlo, pero la mayoría de las escrituras que llegué a encontrar, son igual de negativas que el punto de vista mundano. El libro de Jueces dice que usar la mano izquierda mostraba debilidad (Jueces 3:15). De acuerdo con Jonás 4:11, el usar la mano izquierda muestra inmadurez. El autor de Eclesiastés llega hasta decir que el uso de la mano izquierda es impropio (Eclesiastés 10:2). Mateo arroja el último puñal en el uso de la mano izquierda al decir directamente que era malo (San Mateo 25:33). La única escritura que encontré que tenía un significado más o menos positivo era Cantares 2:6, que en el mejor de lo casos decía que era una preferencia femenina. Cuando descubrí el sentido literal de usar la mano izquierda, simplemente me deprimió más. Literalmente quiere decir, "cerrada a la mano derecha". La única razón por la que se usaba la mano izquierda era porque había algo malo con la derecha o porque en el peor de los casos uno quería ser inmoral.

Me sentía frustrado y realmente no entendía lo que Dios estaba tratando de decir. Cuando estaba a punto de darme por vencido encontré un par de escrituras en Ezequiel que trajeron un rayo de esperanza. "La mano izquierda ayuda a completar la mano derecha", dice Ezequiel 4:4, 6. Sin la ayuda de la mano izquierda, la mano derecha se vuelve deficiente. Por sí sola, la mano derecha es la mano de poder y autoridad, pero sin la ayuda de la mano izquierda, su poder se disminuye y su autoridad es socavada. Es el uso de la mano izquierda que permite que la mano derecha se vuelva tan dominante.

Una Verdad Oculta

Cuando el sacerdote en el Antiguo Testamento comenzaba a hacer sacrificios ante el Señor, había una variedad de procedimientos que tenían que ser asumidos. Lentamente y metódicamente, el sacerdote tenia que completar cada procedimiento en la forma exacta que lo ordenaba las escrituras. Cuando ofrecía una ofrenda por la culpa, de acuerdo a Levítico 14, el sacerdote tenia que llenar la palma de su mano izquierda con aceite (el aceite siempre ha sido una especie de unción). Esto le permitía usara la mano derecha para ministrar, es decir, rociar. Para completar el trabajo, las dos manos tenían que ser usadas. El significado espiritual de esto era que el llenado de la mano izquierda con aceite era un tipo de consagración. El Señor me reveló esto cuando me pidió que buscara la definición de consagrar. Encontré dos definiciones entre las muchas que me ayudarían a descubrir una verdad oculta. La palabra hebrea male (maw-lay) quiere decir tomar una mano llena. La palabra yad (yawd) quiere decir mano izquierda. Si tomamos las dos definiciones por separado y las unimos, obtenemos esto TOMA LA MANO IZQUIERDA LLENA. Lo que Dios estaba tratando de hacernos entender era simplemente esto, para que nuestro ministerio sea eficaz, aún antes de que empecemos, primeramente DEBEMOS estar consagrados. Rechazamos la consagración más o menos, de la misma manera en que evitamos usar la mano izquierda. Es incómodo, desconocido y en el peor de los casos, lo único que hace es retrasarnos. Decimos que no oramos porque no sabemos cómo. Vemos el ayuno nada más como una forma de pasar hambre. Cuando se trata de estudiar la palabra de Dios, en nuestras mentes, todo está en chino. Rechazar nuestra consagración a Él es como rechazar a Dios mismo.

¿Ni aun esta escritura habéis leído: La piedra que desecharon los edificadores ha venido a ser cabeza del ángulo;...?
-San Marcos 12:10

La consagración se ha convertido la piedra angular de nuestra existencia. El rechazarla nos hará deficientes y desequilibrados. No puedes servir a Dios si no lo conoces y no lo puedes conocer sin consagrarte a Él.

La Historia de David

El grupo de hombres fuertes de David era poderoso, intrépido e inexorable. Eran un reflejo de su líder, tanto en conocimientos del campo de batalla como en sus hábitos de adoración. En realidad eran una máquina de pelear bien lubricada. El primero de Crónicas 12:1-7 nos dice que un nuevo grupo de guerreros se unieron a David en Siclag. Eran un grupo de los hombres de Saúl, los cuales habían dejado a Saúl para venir y ayudar a David. Al leer las escrituras, ya se nos ha dicho que los hombres de David eran fuertes guerreros. La pregunta que necesitamos hacer es: ¿Qué podría necesitar David de los guerreros que él ya no tuviera? En otras palabras, ¿Qué valor veía él en los hombres de Saúl?

La característica única que ofrecían era el hecho de que los hombres de Saúl peleaban con habilidad experta usando ambas manos. Ya se tratara de arcos y saetas o piedras lanzadas con hondas, sus habilidades eran incomparables. Lo que los hacía tan valiosos era el hecho de que mientras inicialmente entraban en batalla con la mano derecha, pasado un tiempo y estando el enemigo seguro de que estaban al mando de la batalla, cambiaban sus armas a la mano izquierda sin previo aviso, lo que confundía al enemigo. Esto les daba una ventaja injusta: un enemigo confundido es un enemigo derrotado.

La Iglesia de Hoy

La iglesia vive en una época donde estamos muy hambrientos del poder. Buscamos los dones del poder que se encuentran en la mano derecha, creyendo que estos dones serán la diferencia en nuestra batalla contra Satanás en guerra espiritual. El obstáculo con el que nos encontramos es éste, Satanás no le teme a nada que nosotros le lancemos a él con la mano derecha. Es solo cuando tomamos esa mano derecha y la sumergimos en nuestra mano izquierda llena de aceite, que la unción tiene la oportunidad de engrandecer y sobrecargar nuestros dones. Ahora Satanás es puesto en una ventaja injusta porque como las escritura lo afirma…*y el yugo se pudrirá a causa de la unción.* (Isaías 10:27) En otras palabras, son nuestros dones unidos con la unción de Dios que totalmente confunden al diablo. Ahora otra promesa de Dios entra en juego cuando Él dice esto por medio de Isaías:

> *Ninguna arma forjada contra ti prosperará…Esta es la herencia de los siervos de Jehová,…*   -Isaías 54:17

¿Aún piensan que la consagración esta sobrevalorada? Por qué no intentan sumergir sus dedos en la unción y averiguar por sí mismos lo poderosos y victoriosos que pueden ser al usar su mano izquierda. Mientras más se concentren, mas fluirá el aceite y con el aceite fluyendo en tiempo de crisis, ése será el factor decisivo de su éxito.

Dios Todavía Usa Lo Que Sobra

Aún cuando sea poderosa la lección que se puede

aprender sobre la mano izquierda de la unción, existe otra lección que es igual de importante, que DIOS TODAVÍA USA LO QUE SOBRA. Cuando un día malo está en todo su esplendor, como un huracán girando fuera de control, destruye todo en su camino. Lo que alguna vez estaba a salvo, seguro e intocable ya no está allí una vez que el día malo haya terminado con ello. Lo mejor que teníamos para ofrecer, las cosas de las cuales más nos enorgullecíamos, ahora no son nada mas que escombros que no pueden ser reemplazados. Debido a estas pérdidas, nuestro mundo entero ha sido puesto al revés. Ya nada es automático y se requiere pensar mucho más para terminar las cosas pequeñas. La frustración se convierte en nuestra pareja de baile porque la vida nos ha sorprendido. Fácilmente nos encontramos juzgándonos a posteriori, dándole vueltas en nuestra cabeza al desastre que nos ha ocurrido. La reprimenda encuentra su lugar en la línea porque sabemos que nuestra estupidez ha producido un sabor muy desagradable en nuestra boca, muy difícil de eliminar. A pesar de toda la destrucción, DIOS TODAVÍA USA LO QUE SOBRA.

Aprendiendo De La Manera Más Difícil

Sansón era un hombre que pasó un mal momento tratando de decidir exactamente lo que quería en este mundo. Hubo momentos en los cuales tomaba su trabajo como juez de Israel muy, pero muy en serio. Luego hubo momentos en que, al verlo, te hacía pensar en ¿qué estaba pensando Dios cuando eligió a este hombre para ir adelante de sus hijos? Si juegas con fuego, finalmente saldrás quemado. Nadie está libre de esto. Cuando Sansón comenzó a hacerse el tonto con las cosas de Dios, su pecado hizo que su mundo se trastornara. Fue tan descuidado que Dios no pudo detener el juicio de su vida. Era tan poderoso en ministerio, aun débil en su consagración. El corte de su cabello fue sólo una confirmación de la indiferencia que tuvo con respecto a su separación de Dios. Él ya estaba espiritualmente ciego antes de que ellos le arrancaran sus ojos. Finalmente despertó de su locura con su ceguera física, lo que lo ayudó a ver su imprudencia. A medida que crecía nuevamente su cabello, también su dependencia en Dios.

El haber perdido todo lo que alguna vez fue importante, ya no era problema. Su ministerio fue destruido, su fama fue reducida. Aún en medio de todo esto, en su debilidad y momento más bajo, Sansón en verdad fue liberado de él mismo. Fue liberado del orgullo y egoísmo que había plagado su vida. Su nuevo enfoque estaba completamente en Dios y en lo que él podía hacer para agradar al Señor. Sansón por fin tenía la mentalidad de que todo le podía ser quitado y esto estaba bien, lo que importaba era su relación con Dios. La burla que la gente hacía de Jehová lo entristeció inconmensurablemente porque sabía que él era la causa de semejante falta de respeto. Entonces no hace falta decir que en su última oración no pidió a Dios la restauración de todo lo que había perdido, en cambio se centró en destruir a los enemigos de Dios.

Cuando hemos perdido lo mejor que podíamos ofrecer ante Dios en un día malo, nuestro primer pensamiento es de darnos por vencidos. Razonamos que si con lo mejor de nosotros no podíamos ser exitosos en el Señor, entonces cómo podemos pensar que sin ello podríamos continuar. Si Dios tuviera que depender de que nosotros le diéramos lo mejor de nosotros, entonces Él estaría en un montón de problemas. La verdad es que Dios no necesita lo mejor de nosotros para que Él lleve a cabo su voluntad. Puedo ir un poco más lejos al decir que Dios ni siquiera nos necesita para llevar a cabo su voluntad.

Aún así, allí estamos en un altar llorando hasta quedar sin lágrimas, suplicándole a Dios que nos restaure lo que hemos perdido. En verdad, si lo que perdimos fuera tan importante, Dios nunca nos habría permitido perderlo. Creo que hay un atributo de Dios del cual nos olvidamos completamente. Lo podemos ver como nuestro Salvador, Redentor, Proveedor y por igual. De lo que no nos damos cuenta acerca de Él, es que Él continua siendo un Creador. Mi Dios es el único Dios

Un Dia Malo

que puede crear un universo de la nada. Si esto fuera así, y lo es, entonces lo poco que nos sobra, dado en fe, puede producir resultados milagrosos. Aún cuando lo mejor de nosotros ha sido quitado, si nosotros le damos a Él lo que sobra, el resultado puede ser mejor de lo que alguna vez imaginamos. ¿Por qué? ¡DIOS TODAVÍA USA LO QUE SOBRA!

Volviendo a Tratar Una Lección Importante

Mi día malo ya se había prolongado por más de cuatro años. Mucho había sido quitado, mucho había sido destruido. La probabilidad de que lo recupere, disminuye cada día que pasa. Debido a mi confundida fe, el Señor tuvo que hacerme retroceder varios años antes de mi día malo para volverme a enseñar una lección que se me había olvidado.

Los golpes de la vida que he tenido que soportar, han sido algo perjudiciales, abrumadores e incluso devastadores. En mi vida, fueron varias las veces que después de haber sido despojado por el diablo, no ha quedado mucho. Fue después de uno de estos golpes que empecé a sentir lástima por mí mismo. En vez de dar gracias por lo que tenía, empecé a pensar en todo lo que estaba mal en mi vida. Comencé por la forma en que me veo yo mismo físicamente. Sé que soy una de las pocas víctimas sobrevivientes del polio y que debido a ello soy algo extraño físicamente. Cada vez que extiendo mi mano derecha para darle la mano a alguien se confirma este hecho. Algunas de las personas más amables miran disimuladamente mi mano tratando de comprender qué es lo que está mal sin preguntármelo personalmente. Luego hay aquellos que no son tan amables y que retiran su mano repudiados por lo que sienten. Se les escapa con poca discreción, "¿Qué te pasó?"

Constantemente soy recordado de mi particularidad cuando tengo que tomarme fotos. El polio me dejó con una pierna más larga que la otra, entonces cuando me ves hay un efecto como el de la "Torre inclinada de Pisa." Siempre tengo que recordar hacia que lado debo inclinarme y hacer que las

Dios Todavía Usa Lo Que Sobra

fotos luzcan normales. La ropa nunca me ha quedado perfectamente, porque nunca es fácil vestir a un cuerpo con forma de pera. Haber perdido mi cabello prematuramente no ha hecho nada bueno por mi autoestima, sin mencionar que lo que quedó se llenó de canas antes de tiempo. Socialmente, hablar sólo cuando debía hacerlo llevó a muchos a pensar que a lo mejor tenía algún defecto del habla o aún peor no podía hablar para nada. Tener que darle la mano alguien me causaba tanta ansiedad que me negaba a saludar a las personas, especialmente después de un servicio en la iglesia, cuando estrechar la mano era lo que se esperaba. Por fin, cuando Dios me llamó a convertirme en un evangelista poco tiempo después de que había fracasado miserablemente en mi único y exclusivo pastorado, pensaba que se estaba burlando de mí, porque sabía que no tenía lo que se necesitaba para ser un evangelista exitoso.

Mientras que todos estos pensamientos daban vueltas en mi cabeza, haciendo mi vida más desdichada, el Señor decidió hacer una de sus inesperadas visitas. No estaba de humor para rendirme respetuosamente, cuando estaba enojado con Él por no haber cumplido una promesa. Hacían varios años ya que me prometió que mi mano derecha sanaría, aunque no lo había cumplido hasta ese día. Había esperando pacientemente por Él, pero por cualquier motivo Él pensaba que todavía no era el momento adecuado.

Mas yo haré venir sanidad para ti, y sanaré tus heridas, dice Jehová; porque desechado te llamaron... -Jeremías 30:17

Dios dijo, "mira a tu mano izquierda" "¿Qué sucede con ella?", contesté bruscamente. "Sé que físicamente es mi mano mas fuerte. Es de la derecha que estoy preocupado."

El Señor siempre sabe cómo dar a conocer su punto de vista sin hacerte sentir presionado. Él continuó calmadamente afirmando que hablando espiritualmente mi mano izquierda también era mi mano de fuerza. Luego sin tener la intención, dijo algo que me hizo sentir muy pequeño. Él dijo, "No te uso porque eres el predicador más grande que pude encontrar. Tampoco te uso por tu elocuencia como maestro. Las otras habilidades que tú has usado en mi reino, ni siquiera se comparan a las de mis otros hijos. Sin embargo, hay una razón por la cual continuo llamando tu nombre. Tú siempre pareces tener aceite en la palma de tu mano izquierda." Tiernamente continuo diciendo, "Puede ser las altas horas de la madrugada cuando todos los demás están durmiendo, sin embargo cuando llamo, tú siempre vienes. Tu sed por mi presencia es una que no se encuentra en la mayoría de mis hijos y me agrada sin fin cada vez que tú estas` disponible a mi llamado."

Este recordatorio era necesario porque durante el día malo mi tiempo con Él se había reducido bastante. El tiempo no era el único problema que me hacía perder la confianza en Él. Su falta de afecto, mientras estaba en su presencia, casi me llevaron a pensar en el suicidio. Si bien había perdido mucho cuando perdí a Gloria, eso ni siquiera se podía comparar con el sufrimiento y la tragedia que sentía cuando parecía que se había dado por vencido conmigo. Es desagradable creer que Dios te ha dado la espalda. Ahora me puedo imaginar lo que la gente siente mientras se queman en el infierno sin ninguna esperanza. La derrota, desesperación y el desconsuelo que los rodea mientras sufren durante una eternidad sin Cristo, es más de lo que cualquier mente podría concebir.

Saber que tenía que humillarme una vez más no era tan difícil como lo había sido en tiempos pasados. Con la libertad que sentía de perdonar a Gloria por debajo del cinturón, no había nada que me detuviera de perseguir la presencia del Señor como una vez lo hice. Era como volver a nacer y aunque no me gustaría regresar a ese momento en mi relación con Él, ciertamente era mejor que el lugar de donde acababa de venir. Nunca me hubiera imaginado que podría sentir la presencia de Dios con la fuerza que la siento hoy. Durante mucho tiempo, Él retiro su presencia manifestada, siempre creyendo que cuando todo estuviera dicho y hecho, y el polvo se asentara, todavía estaría allí alabando su santo nombre.

Dios Todavía Usa Lo Que Sobra

Estoy tan alegre de que haya tenido la razón. Se trata del aceite, la unción que fluye de la mano izquierda a la derecha. Si el Señor fuera a venir hoy en donde estamos, pidiéndonos que extendamos nuestra mano izquierda hacia Él, examinando nuestra palma para ver cuánto aceite había, ¿cuánto encontraría Él? ¿Encontraría suficiente para arreglárselas? o ¿encontraría una mano llena rebozando? No importa porque todo lo que necesitemos que Dios sea en nuestras vidas, eso es lo que Él será. Si en este momento, nuestras vidas reflejan la vida de Sansón, Dios está más que dispuesto a usar lo que sobra. Si nuestras vidas se parecen más a la de David, un visitante constante al cuarto del trono de Dios, sólo deja fluir el aceite. Cualquiera que sea el caso, recuerda una sola cosa, DIOS TODAVÍA USA LO QUE SOBRA.

Capítulo 8
No me Conformaré

...Estaré satisfecho cuando despierte a tu semejanza.
-Salmos 17:15

¡**S**atisfacción garantizada! ¿Cuántas veces se nos ha prometido esto sólo para sentirnos decepcionados por sus falsas garantías? Al menos "The Rolling Stones" son sinceros cuando cantan la canción, "I Can't Get No Satisfaction" (No Encuentro Satisfacción). El diccionario Webster lo define como la realización de una necesidad o deseo. El diccionario Strongs dice que el estar satisfecho es estar lleno de. Es imposible obtener más, ya has llegado al final del camino. Para comprender mejor lo que significa estar satisfecho, lo justo es tomar la definición de Webster y definir la palabra desear. Él continúa diciendo que desear como sustantivo es un impulso consciente hacia algo que promete placer o satisfacción (ahí está esa palabra otra vez) en su conquista, ya sea bueno o malo. Como verbo, dice que desear es esperar a o añorar.

Cuando los deseos no son realizados es como si abriéramos una caja de Pandora porque acusamos a Dios de no ser fiel a su palabra.

Deléitate asimismo en Jehová, Y él te concederá las peticiones (deseos –Inglés) de tu corazón. -Salmos 37:4

¿Alguna vez se han deleitado en el Señor hasta que estaba saliendo de tus oídos y aún así sus deseos no han sido concedidos? Yo sí y por fin he podido entender por qué. Lo que pensé que eran deseos era nada más que buenas intenciones. Ustedes preguntarán, ¿cuál es la diferencia? Las buenas intenciones son cuando tenemos algo en mente como una meta. Nunca llega más allá de la etapa de pensar. Suena bien, tiene sentido y la mayoría de las veces es bíblico pero hasta que tenga la oportunidad de alcanzar el corazón no son nada más que buenas ideas. Por ejemplo, el pastor viene con emoción a la congregación con una nueva receta para el éxito. Incluye una cadena de oración y ayuno que dará comienzo el lunes. Se les pide a todos los que deseen participar en este programa que estén en la iglesia a las 5 de la mañana. La respuesta de la gente es tremenda, gritando amén en todo el santuario. En ese momento suena bien y por supuesto que tiene sentido, pero al llegar la mañana del lunes nadie se aparece. El programa los conmovió intelectualmente pero nunca llegó a sus corazones.

Qué Hace Que Nos Conformemos

¿Qué sucede cuando las buenas intenciones no se producen? Empezamos a racionalizar nuestro próximo paso, bajando nuestras expectativas y nos conformamos. Exactamente, ¿qué significa conformarse? Significa que realizamos un acuerdo para reducir al mínimo las diversas diferencias en una situación en particular. Ocurre todo el tiempo cuando una persona resuelve su caso fuera de los tribunales. El acusado le ofrecerá una enorme cantidad de dinero al demandante para que desaparezca y mantenga en secreto cualquier publicidad que hubiera sido hecha pública. Él espera que la cantidad sea lo suficientemente grande como para persuadir al demandante de ir a los tribunales y esperar años por una sentencia que se basaría solamente en un principio. La mayoría de las veces la cantidad es demasiado buena para dejarla pasar y llegan a un acuerdo. Aunque ambas partes no estén completamente satisfechas, se hace un acuerdo que esté lo más cerca a lo que ambas partes inicialmente estaban pidiendo. Sin embargo, es el demandante quien debe hacer el mayor de los sacrificios y concesiones para que el acuerdo salga bien. Y son muy pocas las personas que conozco que tienen bastante integridad para mantener su posición frente a lo que es correcto y escogen en cambio un dineral para satisfacer sus diferencias.

David sabía la diferencia entre deseos y buenas intenciones y estaba dispuesto a ponerlas bajo de la lupa de Dios cuando dijo:

Examíname, oh Dios, y conoce mi corazón; Pruébame y conoce mis pensamientos; Y ve si hay en mí camino de perversidad, Y guíame en el camino eterno. -Salmos 139:23-24

Con sus deseos bajo control y sabiendo que eran directamente de Dios, él podía continuar con su implacable búsqueda de la presencia de Dios. ¿Por qué? Porque tenía la garantía de que Dios saciaría su alma tan completamente que no tendría que conformarse.

Tan gloriosos eran los escenarios en los cuales Dios puso a Adán que parecía absurdo que él se encontrara en una situación donde debía tomar una decisión para conformarse. Cuando Adán decidió comer del fruto prohibido, desobedeciendo el mandato de Dios, básicamente a esto era a lo que estaba dispuesto a renunciar. Su desobediencia hacia Dios significaba que Adán ya no tendría dominio de todo el huerto. También su relación íntima con Dios fue afectada, sin mencionar el perder la gloria de Dios que protegía su inocencia. Nos preguntamos a nosotros mismos, ¿por qué Adán estaba dispuesto a renunciar a tanto? Creo que la respuesta es que el vivir sin su esposa era inconcebible. En verdad no sabemos cuánto tiempo vivió en el huerto sin Eva, pero simplemente no soportaba la idea de vivir solo otra vez. Ella se había convertido en el momento culminante de su existencia, así que se arriesgó a las consecuencias de su pecado.

El Orgullo Comienza a Manifestarse

El orgullo hace eso. Constantemente correrá el riesgo porque el orgullo siempre produce rebelión. A lo mejor estaba contando con el hecho de que él era el único ser humano disponible para hacer la voluntad de Dios y seguramente Dios no lo destruiría. Así que desafía la palabra de Dios y por supuesto, pierde. Su sentencia consistía en una muerte espiritual que también tuvo repercusiones físicas. Por lo que se refiere a la mujer, ese dolor insoportable que ella tendría que soportar al dar a luz no sería nada en comparación con el hecho de que su esposo tendría dominio sobre ella.

Las mujeres de hoy en día tienen tanto desprecio por las enseñanzas que Dios ha dejado al hombre como encargado de no sólo su familia sino también de que ella como esposa tiene que estar sujeta a él. Esto solo es parte de un juicio que cayó sobre la mujer por su desobediencia. En el principio cuando Dios creó al hombre y la mujer, el primer nombre que les dio a los dos fue Adán (Gen 5:2). Fueron sus intenciones que juntos, lado a lado ellos dominaran el mundo. Adán, con los rasgos masculinos de Dios, dominaría con poder, autoridad y fuerza. Adán II (Eva), dominaría con las características compasivas de Dios, su amor, paciencia, resignación, ternura, etc. Juntos formarían la completa esencia de Dios. Todo eso se perdió por medio de su desobediencia, a la mujer le fue dado un nuevo nombre y desde ese día en adelante su esposo tendría dominio sobre ella. Es por eso que las mujeres del mundo pelean tan agresivamente por igualdad de derechos, intentando recuperar el lugar que perdieron cuando el juicio cayó en el huerto.

Adán también sufrió la severidad del juicio de Dios. La tierra fue maldecida con espinos y cardos y por primera vez Adán tendría que trabajar por su comida. El Huerto del Edén ya no seria su hogar, significando que ellos tendrían que dejar el lugar donde reinaba Dios y su gloria. Hasta los animales se volverían hostiles, un nuevo problema que tendría que ser considerado cuidadosamente. El morir físicamente habría

sido mucho más fácil.
La realidad de conformarse es que siempre es peor de lo que jamás nos podemos imaginar. Cuando somos puestos en una situación donde debemos reducir nuestras expectativas haciendo que de una manera u otra nos conformemos, nuestro juicio es ofuscado por nuestras emociones y no podemos ver claramente las ramificaciones de las decisiones que estamos a punto de hacer. Es por eso que cuando vemos la situación de Adán desde punto de vista carnal, nos ponemos de parte de él, pensando en qué hizo mal. ¿No estaba Adán haciendo solamente lo que cualquier otra persona hubiera hecho? ¿Acaso no estaba simplemente protegiendo lo que más amaba? Esto es lo que he podido descubrir sobre Dios y lo que Él quiere de nosotros en su servicio. En un momento u otro tendremos que ponerle fin al amor que tenemos por nuestras posesiones más atesoradas en la vida.

Poniendo Todo En Peligro
Tan dura como pueda parecer, ésa es la situación exacta en la que Abraham fue puesto. Cuando recibió órdenes de matar a su único hijo Isaac, no tenía ningún sentido. Isaac era la respuesta a la promesa que tardó 25 años en suceder. Si Isaac moría, también todas las bendiciones venideras que fueron prometidas a la descendencia de Abraham. La muerte de Isaac significaría que todo el lío de haber sido fiel a la promesa de Dios durante ese tiempo fue completamente en vano. La pérdida de vida de Isaac significaría que Dios era exactamente como el hombre y que no se podía confiar en su palabra. A diferencia de Adán, cuando el carácter de Abraham fue puesto a prueba, fue fe y no orgullo lo que salió a la superficie. Hace muchos años escuché a T.F. Tenney decir esto sobre la fe que no entendí completamente. Él dijo, "La fe nunca alivia el dolor". Posteriormente, he aprendido que no importa cuánta fe tengas en Dios, no disminuye el dolor que uno experimentara con las pérdidas de la vida. El dolor, no respeta a las personas, golpea a los que están llenos de fe,

igual de fuerte como golpea a los que no la tienen. Sin importar el dolor, una persona llena de fe, demuestra que ellos no se conformarán. No está en ellos comprometerse, reducir sus valores o dejar a Dios. Ellos creerán en Dios aunque no los terrores que les han ocurrido a ellos.

¿Qué fue lo que detuvo a Dios para permitir que Abraham matara a Isaac? La obediencia a su mando es sólo parte de esto, lo que en verdad atrajo la atención de Dios era el hecho de que Abraham lo hizo de buena voluntad. Abraham, honestamente creía que si él mataba a Isaac, Dios lo levantaría de los muertos. Hay una escritura en Hebreos que declara:

> *Pensando que Dios es poderoso para levantar aun de entre los muertos, de donde, en sentido figurado, también lo volvió a recibir.*

¿Cómo obtuvo Abraham esa clase de fe? Lo hizo al caminar con Dios diariamente, en confraternidad íntima. Asimismo, es en su presencia que llegamos a ser más que hijos e hijas para Dios, nos convertimos en amigos. Es cuando nuestra relación con Él llega a ese nivel íntimo que está más dispuesto a compartir los secretos de la vida. Nada está escondido, ni los misterios de Dios son ocultos. Estamos más fácilmente preparados para tener más confianza en lo que no comprendemos, sabiendo que a pesar de todo, Dios siempre nos ayudará.

La Clave del Éxito

La clave para obtener esta clase de fe se encuentra en nuestra voluntad y obediencia.

> *Si quisiereis y oyereis [obedecieres], comeréis el bien de la tierra...*   -Isaías 1:19

No puedes tener uno u otro para que trabaje de la manera que Dios originalmente lo ordenó. Debes tener ambos. He conocido a personas que son tan entusiastas para hacer la obra de Dios, que su buena voluntad de hacer cualquier cosa inspira a otros en gran manera. Cuando en realidad llega la hora de hacer el trabajo, nunca se terminó. Fue su desobediencia en las cosas pequeñas (llegar a tiempo, pagar los diezmos y las ofrendas, respetar la autoridad etc.) que anuló cualquier cosa buena que Dios quiso llevar a cabo en sus vidas. Por otro lado, he conocido a otros, que como los Fariseos, obedecieron aun las reglas más insignificantes que fueron puestas ante ellos. Lo que les negó el derecho a comer del bien de la tierra fue que todo lo hicieron rezongando. Nadie ama a un quejicoso, incluso Dios. Así que si no tienes un espíritu correcto mientras estás a su servicio, deja ya el trabajo para alguien más, porque Dios no va a aceptar tus esfuerzos de todas maneras. Si estás haciendo todo bien porque tienes que hacerlo y no porque quieras, todos tus esfuerzos serán en vano.

Por supuesto la verdadera prueba se da cuando estamos dispuestos a poner todo en peligro. Esa es la manera en la que Dios prueba nuestro amor por Él. Hubo ocasiones en las que mientras buscaba en las escrituras, me encontré con algunas que desearía nunca hubieran sido escritas. Estas son la clase de escrituras que me hacen sentir culpable por no estar a la altura de las exigencias de Dios. La siguiente escritura es una de ésas:

> *Y también todos los que quieran [desean] vivir piadosamente en Cristo Jesús padecerán persecución.* -2 Timoteo 3:12

La escritura categóricamente dice los que quieran o desean, no buenas intenciones. Tantas veces he escuchado a cristianos creyentes de la Biblia decir que sirven a Dios rectamente sin tener que pasar por alguna persecución. Eso me preocupa porque aunque sus vidas parecen estar a la altura de la palabra de Dios, la verdad es que una vida sin persecución va en contra de las escrituras. Eso es verdad por lo menos para aquellos que desean vivir piadosos en Cristo.

Entiende que ya que tu deseo de servir a Dios es más que una buena intención, todo el infierno se desatará para hacerte cambiar de opinión.

La Audacia de Daniel

Tener que sufrir no detuvo a Daniel. Su tiempo de oración con Dios era tan importante que estaba dispuesto a morir por el privilegio de estar en la presencia de Dios. Aparentemente desafiante, abría sus ventanas cuando comenzaba a orar para que todos pudieran oír. Ahora puedo escuchar a los "Santuchos" (fariseos) dando gritos de que esto es una mala idea. "Deja de ser tan desafiante. ¿Quieres que te maten? No vas a probar nada siendo un mártir. Tu muerte prematura será en vano porque no hay nadie que tome tu lugar, ¿has pensado en eso?" Como era de esperar, no presta atención a los pesimistas y sigue orando. Es descubierto y sentenciado a muerte en el foso de los leones. Si alguna vez hubo la oportunidad para que se conformara, para que pusiera en entredicho sus creencias, para que reduzca sus valores, éste era el momento. Pero cuando un hombre tiene lazos cercanos con Dios, conformarse nunca es una opción. Déjame decirte por qué.

Los momentos que pasamos a solas con Dios son aquellos que traen acercamiento a Él, el cual no se encuentra en todos sus hijos. Las conversaciones privadas y secretos clasificados que Él está dispuesto a compartir con nosotros crea una confianza como ninguna otra. Es entonces cuando podemos atar y desatar cosas tanto en el cielo como en la tierra sabiendo que Dios honrará nuestra palabra. Los dos ejemplos bíblicos más grandes de esto pueden ser hallados en las vidas de Josué y Elías. Cuando Josué (Josué 10:12-14) necesitaba más tiempo para derrotar a los enemigos de Dios, simplemente habló la palabra delante de todo su ejercito y el sol se detuvo. Esto le dio el tiempo suficiente que necesitaba para destruir a sus adversarios. Él no recibió estas instrucciones de Dios, él actuó por si mismo y Dios honró su palabra.

No me Conformaré

Y no hubo día como aquel, ni antes ni después de él, habiendo atendido Jehová a la voz de un hombre; porque Jehová peleaba por Israel. -Josué 10:14

Dios tenía el mismo tipo de confianza en Elías. Cuando se encontró ante la presencia del Rey Acab, fueron las palabras de Elías, no las de Dios, que proclamaron que no llovería en Israel por tres años. Pero el Señor honró estas palabras y llegaron a suceder justo cuando el Profeta había decretado.

Entonces Elías tisbita, que era de los moradores de Galaad, dijo a Acab: Vive Jehová Dios de Israel, en cuya presencia estoy, que no habrá lluvia ni roció en estos años, sino por mi palabra. -1 Reyes 17:1

Creo que porque Daniel tenía una relación parecida con Dios, el Señor se dio el tiempo de advertirle. Daniel fue puesto al tanto de lo que iba a suceder para que se pudiera preparar en oración. Nadie sabe exactamente por lo que Daniel oraba cuando iba ante el Señor tres veces al día. Pero por alguna razón estoy inclinado a aceptar que estaba clamando por misericordia en sus suplicas antes de que fuera necesario. Si oró un Salmo parecido a éste o no, yo no lo sé, pero podría parecerse a este Salmo:

Jehová ha oído mi ruego; Ha recibido Jehová mi oración. Se avergonzarán y se turbaran mucho todos mis enemigos; Se volverán y serán avergonzados de repente. -Salmos 6:9-10

Observen que cuando Daniel fue puesto en el foso de los leones, no hay ningún registro bíblico de que orara. Esa es la diferencia entre alguien que ha llegado a la intimidad con Dios y todos los demás que se esperan hasta que la tragedia ocurra para que entonces puedan entrar en oración y ayuno intensamente. No hay necesidad de inquietarse durante tiempos difíciles o de orar desesperadamente cuando ya sabes

Un Dia Malo

los resultados. Ese es uno de los grandes beneficios de nuestra intimidad con Él. Por mientras, era el rey Darío quien estaba fuera de sí y tomó la responsabilidad de tocar las puertas del cielo en oración y ayuno, toda la noche. ¿Se pueden imaginar a un rey pagano suplicándole a un Dios que no conocía, creyendo que Él responderá de todos modos? Pues lo hizo y funcionó. Cuando se despertó la siguiente mañana y se apresuró para ver si Daniel todavía estaba vivo, el rey Darío estaba extasiado de poder oír una vez más la voz de Daniel.

¿Cruel Para Ser Bondadoso?

Para aquellos de ustedes que creen que Dios fue demasiado cruel con Daniel por ser tan bondadoso, si me lo permiten, consideren algunas cosas junto conmigo. En primer lugar, Daniel no se sentía de esa manera porque otra vez, le fue dicho por adelantado cuál iba a ser el resultado. En segundo lugar, si el Señor hubiera permitido que Daniel orara en el foso de los leones, con la respuesta del Señor a su petición, el efecto del milagro no hubiera sido tan dinámico. Déjenme explicarlo. Si Daniel decía la oración de liberación, la publicidad llegaría hasta las puertas de la ciudad. Pero Dios tenía ideas más grandes en mente, dar a conocer su nombre. Mira el efecto que este milagro tuvo en el rey Darío:

> *Entonces el rey Darío escribió a todos los pueblos, naciones, y lenguas que habitan en toda la tierra: Paz os sea multiplicada. De parte mía es puesta esta ordenanza: Que en todo el dominio de mi reino todos teman y tiemblen ante la presencia del Dios de Daniel; porque él es el Dios viviente y permanece por todos los siglos, y su reino no será jamás destruido, y su dominio perdurará hasta el fin. El Salva y libra, y hace señales y maravillas en el cielo y en la tierra; él ha librado a Daniel del poder de los leones.* -Daniel 6:25-27

Si Daniel se hubiera conformado y hubiera dejado de orar, el rey nunca habría tenido la oportunidad de tener un encuentro directo y personal con el Señor. Fue esta experiencia la que le cambió la vida y lo conmovió a escribir su decreto ante el mundo entero. Ahora todos, no solamente aquellos dentro de las puertas de la ciudad, sabrían que Jehová era un Dios Todopoderoso y que no había otro Dios como Él. Aunque Daniel, tal vez, no sabía específicamente cuál iba a ser el resultado, tenía suficiente confianza en su Dios para defender lo que era correcto, sin conformarse de ninguna manera, sabiendo que Dios iba a resolver todo perfectamente.

Un Ultimo Vistazo A Salmos 17:15

Excepto por el principio del capitulo en verdad no hemos tratado con la escritura en Salmos 17:15. Francamente, nunca despertaremos en su semejanza, claro que hasta después de su venida. Si esto es verdad, entonces ¿por qué esforzarnos? El hecho de que luchemos y nos afanemos y nos esforcemos por conformarnos a la imagen de Cristo, le muestra a Él que aún no hemos alcanzado ese nivel de satisfacción, aquel donde comenzamos a conformarnos por otras cosas aparte de Dios. Lo que le estamos demostrando después de todos estos años es que todavía hay un anhelo de estar en su presencia y que nada nos separara del amor de Cristo. ¿Es así como se sienten? ¿O se han conformado? ¿Han tenido que poner en entredicho sus creencias de una manera u otra a causa de las dificultades de la vida? Los dolores de la cruz pueden ser difíciles de soportar, es por eso que tantos han fracasado y vuelven al mundo. Pero en realidad es la única manera de llegar a Dios.

Entonces Jesús dijo a sus discípulos: Si alguno quiere [desea] venir en pos de mi, niéguese a si mismo, y tome su cruz, y sígame. -San Mateo 16:24

Allí está otra vez esa palabra, querer o desear. Parece ser la palabra que separa a los hombres de los niños. Todos queremos hacer el bien para Dios. Todos tenemos buenas intenciones pero las buenas intenciones no son suficientemente buenas. La palabra de Dios no ha cambiado a través de los años. Si hemos de seguirle a Él en sus caminos, entonces tendremos que privarnos de algunas cosas. En el mundo de hoy de indulgencias, el privarse no es una opción. En verdad depende de lo que tú deseas, algo menos sería conformarse.

Un día malo tiene su forma de hacer que hasta las personas más fuertes de Dios se derrumben de rodillas y que lamentablemente se conformen. Yo no puedo decir que soy un hombre muy fuerte en Dios, tampoco puedo admitir que soy más sabio que la mayoría. Lo único que sé es que a lo largo de toda esta experiencia tormentosa, Dios ha sido fiel y ha sido su gracia la que me ha protegido. Por ello le he hecho esta promesa a Él, que no importa lo que me suceda en el futuro, NO ME CONFORMARÉ.

Capítulo 9
Piensen en Esto

Por lo demás, hermanos, todo lo que es verdadero, todo lo honesto, todo lo justo, todo lo puro, todo lo amable, todo lo que es de buen nombre; si hay virtud alguna, si algo digno de alabanza, en esto pensad. -Filipenses 4:8

El pensar claramente durante un día malo tal vez es una de las cosas más difíciles que les pidan. Todo lo que hagan, todo lo que digan y todo lo que piensen, está en un desorden caótico y resolver el problema más sencillo se convierte en un reto agotador. Por definición, cuando pensamos tomamos tiempo para considerar algo en la mente, haciendo un inventario mental que no sólo tomará tiempo sino que normalmente será algo arduo.

Preferiríamos reservar este tipo de trabajo para los meticulosos, los contadores de la sociedad que no tienen nada mejor que hacer mas que perder todo el día pensando. Preferiríamos hacer las cosas sin pensar, ustedes saben, solamente disparar sin apuntar, sin nervios y ocuparnos luego de las pérdidas. Cuando elegimos tratar con las cosas de esta manera, logramos escaparnos con mucho. El inconveniente es que muchas veces los daños son irreversibles.

Los Pensamientos de Dios Acerca de Nosotros

No es sorprendente que el Señor sea el mejor ejemplo de que aún Él, el Rey de Reyes, toma tiempo de pensar para que

Un Dia Malo

cuando surjan circunstancias adversas, Él no reaccionará a ellas desfavorablemente. Cuando el Señor piensa en nosotros sus pensamientos siempre son buenos.

Porque yo sé los pensamientos que tengo acerca de vosotros, dice Jehová, pensamientos de paz, y no de mal, para daros el fin que esperáis. -Jeremías 29:11

Aun cuando Él nos corrige (entrena), el amor está en el centro de cada pensamiento.

Porque Jehová al que ama castiga, Como el Padre al hijo a quien quiere. -Proverbios 3:12

Es necesario que sigamos sus pasos teniendo la "mente de Cristo", pensando como Él, para que podamos superar un día malo.

En un capitulo anterior mencioné que era mas o menos imposible de explicar paso a paso cómo logré superar mi día malo. Porque la gracia de Dios tomó total control de mi situación, muchas de las veces me encontré haciendo las cosas en forma automática. Sin embargo, hay un hilo de pensamientos que el Señor quisiera que emprendamos, los cuales nos ayudarán aun bajo las condiciones más indeseables y merece consideración.

Cuando el apóstol Pablo escribió Filipenses 4:8, porque era tan erudito, pensé que estaba amontonando adjetivos para impresionar a quienes le estaba escribiendo. Nunca imaginé que el orden en que estos adjetivos fueron puestos era un modelo para el éxito que el apóstol deseaba que todos siguieran.

Todo Lo Que Es Verdadero

Él comienza con todo lo que es verdadero. Usa la palabra griega ALETHES, que significa verdad no oculta. Si en verdad hemos de obtener la mente de Cristo, entonces todos los días, nuestros pensamientos deben comenzar con Dios.

Piensen en Esto

El Dios oculto del Antiguo Testamento ahora es completamente revelado en el Nuevo Testamento. Cuando el velo del templo se rasgó en dos, después de que Jesús murió en el Calvario, todo lo que estaba oculto acerca de Dios fue puesto a la luz para quienquiera. Esta verdad debería ser nuestro punto focal cuando comenzamos nuestro día. La mejor manera de hacer esto es en la oración de la mañana. Yo sé que todos nosotros tenemos diferentes horarios y preferencias de cuándo venir al trono de Dios. Nuestra diaria devoción está predicha por lo que sea lo mejor para nosotros, de manera que podamos hacer tiempo para el Señor. Pero mira las palabras que David escribió acerca de buscar a Dios temprano:

Dios, Dios mío eres tú; De madrugada te buscaré; Mi alma tiene sed de ti, mi carne te anhela, En tierra seca y árida donde no hay aguas, Para ver tu poder y tu gloria, Así como te he mirado en el santuario. -Salmos 63:1-2

En mis experiencias como evangelista viajando por todo el país, había una cosa en común que encontré entre las iglesias que estaban creciendo con mucho éxito. La mayoría de estas iglesias tenían programas de oración temprano en la mañana, mientras que los más exitosos oraban constantemente. Nunca estuve más impresionado que cuando tuve la oportunidad de visitar una iglesia en Colorado Springs. Su edificio auxiliar incluía una librería, una capilla que era más grande que la mayoría de los edificios de las iglesias locales y una gran cantidad de cuartos de oración. Al echarle un vistazo a la pared para ver los nombres de aquellos que estaban orando durante los diversos horarios, pensé que al tratarse de tempranas horas de la mañana, la lista disminuiría. Para sorpresa mía, la lista era más o menos igual si no mayor. Pensé acerca del éxito que esa iglesia había tenido y llegué a la conclusión de que porque la gente estaba dispuesta a buscar a Dios temprano en el santuario, Dios verdaderamente estaba respondiendo. Comprendo que el venir a la casa de Dios para orar no es obligatorio pero el hecho de tomar la mano de Dios en las primeras horas del día, junto con los hermanos, hace tu día mucho mejor. David lo dijo de esta manera "Tengo sed y anhelo ver tu poder y gloria en tu santuario". El hacer esto diariamente, probablemente sea una de las ventajas que nosotros como cristianos podemos tener.

Todo Lo Honesto

Seguimos adelante con la próxima categoría que es pensar sobre todo lo honesto. La palabra griega que se usa en este caso es SEMNOS que significa honorable, digno de ser honrado. No es tanto todo lo que sea sino que ahora también incluye quien sea. Pasamos de quién no podemos ver, Dios, hacia quién podemos ver, la gente. ¿No es asombroso cómo nuestros seres amados normalmente son deshonrados la mayoría del tiempo? Podemos pasar el día teniendo que tratar con un jefe gruñón, aguantando todos los insultos que repartió y luego llegamos a casa y nos desquitamos con cualquier cosa y con todo lo que está a la vista. Pateamos al perro, les repartimos golpazos a los niños y le gritamos a la esposa, nadie está a salvo. A pesar de eso, la palabra de Dios nos dice de que demos honor a quien honra merece.

Honrad a todos.   -1 Pedro 2:17

Las palabras de Pedro son tan sencillas pero aún así fuera de alcance cuando tenemos que incluir a las personas más cercanas a nosotros. Entonces lo que eso significa es que tenemos que hacer un esfuerzo para incluirlos en la honra que le damos a la gente. En otras palabras, tenemos que PENSAR. ¿Cómo logramos eso? Al darles un alto valor a ellos, eso es exactamente lo que estamos haciendo cuando los honramos. Esto se puede realizar al hacerlos sentir seguros, elogiándoles verbalmente y finalmente protegiéndoles de temores y de otras personas. Cuando comprendemos esto, entonces estamos listos para dar el próximo paso.

Piensen en Esto

Todo Lo Justo

Ahora podemos pensar sobre las cosas que son justas. Por definición el apóstol nos está diciendo que es tiempo de guardar sus mandamientos. Nuestra atención pasa de la gente hacia la palabra de Dios.

En mi corazón he guardado tus dichos, Para no pecar contra ti.
-Salmos 119:11

Las intenciones de David eran de asegurarse de que la palabra de Dios encontrara un lugar donde morar en su corazón. Sabía que una vez que estuviera allí, seria difícil de vencer. Él quería estar seguro que lo que estaba sintiendo de Dios, verdaderamente eran deseos y no buenas intenciones. Una vez que permitió que estos deseos capturaran su corazón entonces hizo esto:

Sobre toda cosa guardada, guarda tu corazón; Porque de él mana la vida. -Proverbios 4:23

Él entendió que del corazón proviene el origen de vivir. ¿Qué es el origen? ¿Es de Dios o es impío? Cuando pensamos en las cosas que hacemos a diario, ¿de qué origen dependemos? ¿Son las escrituras el origen al cuál recurrimos? o ¿Están nuestros pensamientos dominados por lo que leemos en los periódicos y lo que vemos en las noticias? La palabra de Dios no es solamente digna de confianza, sino que el guardar los mandamientos de Dios trae bendiciones. Nuestra obediencia a su palabra es el origen de nuestra bendición.

La bendición, si oyereis los mandamientos de Jehová vuestro Dios, que yo os prescribo hoy, y la maldición, si no oyereis los mandamientos de Jehová vuestro Dios,...
-Deuteronomio 11:27-28

¿Cuáles son los beneficios que la bendición traerá a nuestra vida? Las escrituras nos dicen que las bendiciones nos traen justicia (Salmos 24:5) y vida (Salmos 133:3). Cuando Dios bendice a su pueblo traerá prosperidad (2 Samuel 7:29) y salvación (Salmos 3:8). Cualquier bien que Dios tenga para su pueblo llega cuando sus mandamientos son obedecidos.

Todo Lo Puro

He tomado tres categorías de pensamientos para por fin llegar al lugar donde pensamos acerca de nosotros. En esta cuarta categoría, donde pensamos sobre esas cosas que son puras, el Señor quiere que nuestros pensamientos estén puros de carnalidad, que estén castos y que sean modestos. Eso significa que pasamos de pensar sobre los mandamientos de Dios para que podamos ver dentro de nosotros mismos. La batalla contra la carnalidad nunca es vencida solamente puede ser controlada. Nuestras convicciones, creencias y verdades están comprometidas cuando la mente carnal está en control. ¿Acaso nunca se han dado cuenta que cuando una persona fracasa, siempre regresa a lo que alguna vez controló su vida como pecador? Si alguna vez fue un alcohólico, entonces regresara a la botella. Si fueron las drogas las que lo tenían atado, entonces irá desesperadamente a buscar su próxima dosis. En verdad no importa lo que haya sido porque como dicen las escrituras:

> *Como perro que vuelve a su vómito, Así es el necio que repite su necedad.*   -Proverbios 26:11

Tenemos que hacer el mayor de los esfuerzos para mantener nuestros pensamientos puros, porque una vez que la mente carnal esté en control ésta pelea en contra de Dios.

> *Porque el ocuparse de la carne es muerte, pero el ocuparse del Espíritu es vida y paz. Por cuanto los designios de la carne son enemistad contra Dios; porque no se sujetan a la ley de*

Piensen en Esto

Dios, ni tampoco pueden; y los que viven según la carne no pueden agradar a Dios. -Romanos 8:6-8

La mente carnal es tan pútrida ante los ojos de Dios que se convierte en su enemigo. ¿Por qué razón desearíamos estar del lado malo? Lo que es aún peor es que cuando tenemos una mentalidad carnal nunca podemos ser agradables ante Él. Siempre deberíamos vivir para ser agradables para Dios. Cuando nuestras mentes están puras de carnalidad, eso es lo que crea la santidad que Dios anhela en nuestras vidas. Recuerden sus palabras para nosotros:

"Sed santos, porque yo soy santo". -1 Pedro 1:16

El tener pensamientos puros limpiará nuestras mentes continuamente, un proceso que es necesario si alguna vez hemos de agradarle.

Todo Lo Amable

Ahora podemos continuar con una categoría que la mayoría de los muchachos jóvenes realiza automáticamente. El apóstol continúa diciéndonos que debemos pensar en las cosas que son amables. Lamentablemente no se trata de lo que los muchachos jóvenes están pensando. Cuando Pablo escribió esto, él quería decir que pensáramos en las cosas que son aceptables y agradables ante los ojos de los demás. Eso quiere decir que debemos pensar sobre las cosas que podemos hacer, decir o ser para que otros puedan seguir nuestros pasos. Transmitir buenas cosas a la próxima generación debería ser una obligación y no una opción. Ya sea que se den cuenta o no siempre hay alguien observándolos. Por cualquier razón a uno lo idolatran, tanto así que imitarán todo lo que uno hace, hasta nuestro extraño peinado y nuestra auténtica manera de vestir. Dicen que la imitación es el mejor halago y si éste es el caso, no solamente están imitando lo bueno que ven en uno sino también lo malo. Así que hay que darse un tiempo para pensar en las cosas que afectarán positivamente a aquellos que algún día seguirán nuestros pasos. No te preocupes de dar demasiado, porque nunca podrías dar demasiado. El dar a otros mucho más de lo que se debe solamente invoca a otra escritura de bendición:

Hay quienes reparten, y les es añadido más; Y hay quienes retienen más de lo que es justo, pero vienen a pobreza.
-Proverbios 11:24

Los pensamientos del Señor son siempre tan diferentes a los nuestros pero si podemos recordar que hemos recibido con libertad entonces daremos con libertad.

Un Buen Nombre

El último proceso de nuestros pensamientos trata con cosas que demostrarán un buen nombre. En esta categoría Pablo quería que pensáramos sobre aquellas cosas, acerca de nosotros, de las cuales se habló bien. En otras palabras, el apóstol quería que nos diéramos algún tiempo para revisar nuestra reputación, que es nuestra posesión más valiosa. Una vez que tu reputación se pierde, es muy difícil recuperarla. Me gustaría decirle esto al género femenino que está leyendo este libro. Tan injusto como esto pueda parecer, vivimos en un mundo dominado por los hombres. Las reglas están establecidas para favorecer al hombre. Lamentablemente, cuando un hombre sale de fiesta con varias mujeres, eso se considera como que solamente está siendo un hombre. Por otro lado, cuando una mujer hace la misma cosa, a ella se le considera una prostituta. Si un hombre bebe a no más poder, se dice que es el alma de la fiesta. Pero si una mujer bebe demasiado, se le tacha de alcohólica. Sea como sea, una mujer tiene que esforzarse el doble para asegurarse de que su reputación no se manche de ninguna manera. El esfuerzo vale la pena porque si por casualidad llegara a manchar su reputación de cualquier modo, ésta regresará para atormentarla por el resto de su vida. He visto ministerios, relaciones, reputaciones e incluso vidas que se han perdido cuando en un momento de tentación, las consecuencias del pecado no se pensaron bien. Dios siempre perdona, pero la gente no es tan amable.

No os engañéis; Dios no puede ser burlado: pues todo lo que el hombre sembrare, eso también segará.   -Gálatas 6:7

Cuando Pablo escribió esta escritura a los Gálatas, su intención no era la de infundir miedo en los hijos de Dios. Aunque Dios si permita que los hechos de un hombre sigan su curso, a veces en trágicas consecuencias, el razonamiento de la siembra y la cosecha tiene más que ver con el hombre, que con Dios. Como verán siempre que pecamos y nos arrepentimos de ese pecado, podemos pedirle perdón a Dios y Él está ahí inmediatamente para hacerlo. En ese momento Él no sólo perdona, sino que también olvida.

La razón por la cual el problema perdura después de que Dios ya lo ha olvidado, es que nosotros aún tenemos que tratar con la gente. La gente nos dirá cara a cara que ellos nos han perdonado, pero a diferencia de Dios, ellos no olvidan. Cuando el pecado llega a la vida de un hijo de Dios y éste es perdonado, la razón por la cual dejan de servirle a Dios, la mayoría de las veces, es porque la gente en la iglesia no lo deja morir. Eso es lo que Pablo quiso decir cuando dijo que cosechamos lo que sembramos. Si existe una parte de nuestra vida en la que necesitamos pensar más, ésa es nuestra reputación.

Virtud Y Alabanza

Hemos llegado al punto de la escritura donde Pablo nos advierte con un gran "si". De no ser incluida en las categorías en que hemos estado pensando, la parte de virtud y alabanza de la escritura invalidará todo el proceso. Es necesario enfatizar que ambas pruebas tienen que ser superadas. Superar sólo una de ellas no será suficiente. ¿Cómo es posible que alguna de las cosas que Pablo nos ha exhortado a pensar, no tengan nada de virtud y alabanza? Las pruebas pueden y llegan a fallar cuando no es el momento adecuado. Por último, para Dios el momento oportuno lo es todo.

Cuando Dios me dio una palabra para una hermosa jovencita que quería que yo ministrara, no tenía el valor de decirle porque su palabra parecía tan extrema. No solamente era hermosa sino extremadamente bella. Su mensaje para ella era que aunque había estado viviendo en una relación lesbiana, si ella estaba dispuesta a arrepentirse, Dios la perdonaría y la volvería a recibir en el redil. En ese momento al ser tan nuevo a los dones del Espíritu, pensé que sería mejor dejarlo así porque probablemente no se trataba de Dios. En el próximo servicio hice lo que Dios me había pedido, pero no era el momento adecuado. Ella no creyó en el mensaje porque pensaba que había hablado con su hermano, quien en ese momento estaba en nuestro programa de rehabilitación. La misericordia de Dios es tan grande que aun cuando lo echamos a perder, Él lo puede arreglar para que Él reciba la gloria. Sabiendo que tendríamos que encarar esto de otra forma, me dijo que le preguntara que quién era María. Cuando lo hice, con una mirada aterrorizada, ella empezó a llorar. Nadie y quiero decir nadie sabía que María era su nueva amante. Fue en ese momento cuando supo que Dios todavía se preocupaba por ella y la quería de regreso. Si hemos de ser exitosos en Dios, debemos estar dispuestos a intentar las ideas que estamos pensando para que si hay alguna virtud y alabanza, Dios pueda recibir toda la gloria.

Cuando hayamos completado el proceso que el apóstol ha puesto ante nosotros exitosamente, nuestros pensamientos se deberían mover más en la dirección de meditación. Cuando meditamos lo consideramos internamente, calculando o tomando en cuenta las razones por qué lo deberíamos hacer. Asumimos el rostro de un jurado que debe deliberar para encontrar el veredicto correcto. ¿Por qué exhortar tan fuertemente? La razón es ésta: la madurez ha entorpecido nuestra actitud positiva. Como adultos, parecemos encontrar lo peor en todo. Con razón Jesús dice que a menos que seamos parecidos a los niños, no podremos entrar al reino de los cielos (San Mateo 18:3).

De La Boca de Los Niños

Hace años atrás mientras que estaba trabajando en una escuela cristiana en particular, uno de los estudiantes más jóvenes murió trágicamente en un accidente automovilístico. Él no traía puesto el cinturón de seguridad y con el impacto voló del asiento de atrás hacia enfrente, estrellándose contra el parabrisas. La fuerza del choque fue tan grande que su cabeza atravesó el parabrisas y el vidrio quebrado lo decapitó. Sus padres no eran salvos en ese momento y el impacto fue extremadamente difícil.

Durante el servicio fúnebre, tuve algún tiempo para meditar en Steven y algunas de las experiencias que mi familia y yo habíamos tenido con él. Era un niño travieso y lleno de energía. Mi hija mayor y él estaban en la misma clase en el jardín de infantes.

No era raro el verlo corriendo alrededor del patio de recreo persiguiendo a las niñas, especialmente a mi Stephanie. Estaba tan lleno de vida que iluminaba cualquier cuarto al que entraba. Cuando llegó el día de graduación para la clase del jardín de niños, yo me acuerdo de él, caminando por el pasillo con la sonrisa más grande en su rostro. Su orgullo era tan radiante que sabía que había logrado algo especial.

Como padre, lo único en que podía pensar era cómo hubiera reaccionado yo si la misma cosa le hubiera pasado a uno de mis hijos. Accidentes como éste, nunca tienen sentido, especialmente cuando sucede a los pequeños. Nunca ha sido la intención que un padre entierre a sus hijos. Como adultos y también como padres esta pérdida nos es muy difícil. Cuando regresábamos del servicio fúnebre, mi esposa y yo continuamos la conversación sobre la tragedia que acabábamos de experimentar. Seguíamos insistiendo sobre su muerte y entre más pensábamos en ello, la conversación se hacía más morbosa. Mientras tanto, la conversación en el asiento de atrás era completamente diferente.

Un Dia Malo

Mis hijos no estaban hablando de cómo murió Steven, ellos estaban hablando acerca de cómo vivió. Se carcajeaban tanto allá atrás que era difícil de creer que todos estábamos hablando de la misma persona. Por supuesto que Stephanie dominaba la conversación porque ella conocía a Steven mejor que nadie. Contaba sobre su experiencia en el patio de recreo con tanto entusiasmo y yo podía jurar que el día de mañana cuando su clase saliera al recreo, Steven la estaría persiguiendo otra vez. El Señor me habló y dijo, "escucha a tus hijos y cómo expresan sus pensamientos. Ellos no meditan sobre lo malo, sólo en lo bueno. Así es como yo quisiera que tú pensaras mientras continúas tu diario vivir".

Al pensar en las cosas que el apóstol nos ha escrito, siempre traerán vida, no importa qué nos suceda. Día malo o no, nuestros pensamientos siempre le pueden traer la gloria que Él merece. ¿En qué escogerás pensar?

Capítulo 10
Recuerda Al Anciano Ross

Y si mal os parece servir a Jehová, escogeos hoy a quién sirváis...   Josué 24:15

¡**D**ecisiones, decisiones, decisiones! Las tomamos todo el tiempo, normalmente sin pensarlas demasiado. Cuando despertamos por la mañana, debemos decidir cuál pie usaremos para levantarnos de la cama. Luego decidimos si nos pondremos la pantufla izquierda o derecha primero. Y así sucesivamente tomamos decisiones como éstas durante todo el día. La mayoría de las decisiones que tomaremos, no requieren mucho pensamiento porque son las mismas que continuamente hemos tomado por años. Las decisiones más difíciles con las que tenemos que tratar son las que ocurren con menos frecuencia y tienen más importancia. Una cosa es decidir qué vas a desayunar y otra cosa es saber a quién vas a elegir para casarte y pasar el resto de tu vida. Lo que hace que estas decisiones sean aun más estresantes es cuando sentimos que nuestras opciones son limitadas. Cuando nuestras opciones son muchas, entonces no hay presión para tomar una decisión equivocada. Es cuando estamos entre la espada y la pared, con recursos limitados y con poco tiempo disponible, cuando nos empezamos a desesperar al saber que una decisión equivocada podría cambiar el curso de toda nuestra vida. Normalmente es entonces cuando el temor de tomar una decisión equivocada nos absoluto. Cuando llegamos a ese momento, Dios solamente nos puede ayudar hasta cierto punto. Sabiendo que una decisión solamente puede ser tomada cuando se ha hecho una elección, Dios nos anima a elegir. No importa qué nos haya ocurrido en los afanes de la vida, Dios sabe sin lugar a dudas, que nosotros siempre lo podemos elegir a Él y todos los maravillosos beneficios que vienen con servirle a Él. Sucesivamente, nosotros podemos saber que hemos elegido correctamente, porque el decidir vivir para Dios siempre será la decisión correcta.

Algo En Qué Pensar

He comenzado este capítulo hablando acerca de elecciones y decisiones por una razón. Tras la desgracia de la experiencia más agotadora que he tenido que aguantar en toda mi vida, la toma de decisiones, aún en las situaciones más sencillas se ha vuelto difícil. He llegado a comprender que aunque Dios me ha sanado de muchos rencores, pensamientos destructivos y emociones pecaminosas, va a tomar algún tiempo que mi corazón sea reparado completamente. Por supuesto que creer que Dios podría repararlo en un instante sería hacerme ilusiones, porque en los asuntos del corazón Dios siempre utiliza el tiempo. Es solo cuando un corazón se ha endurecido con amargura que Dios no puede alcanzarlo. Es entonces que Dios tiene que estrujar el corazón y volverlo a crear. Pero mientras que un corazón se mantenga tierno, Dios puede hacer lo que Él hace mejor y eso es devolvernos nuestra salud entera.

Cuando vemos la vida de Cristo aquí en la tierra, malinterpretamos completamente las razones porque finalmente salio victorioso. A causa de su deidad minimizamos la intensidad del dolor que realmente soportó. Debido a que era Dios, hombre perfecto en todas formas, nos lo imaginamos como un hombre físicamente fuerte, inesperadamente guapo y elegante que tuvo una vida sin problemas. Miren como describió Isaías a este sanador de Galilea:

Recuerda Al Anciano Ross

Subirá cual renuevo delante de él, y como raíz de tierra seca; no hay parecer en él, ni hermosura; le veremos, mas sin atractivo para que le deseemos. Despreciado y desechado entre los hombres, varón de dolores, experimentado en quebranto; y como que escondimos de él el rostro, fue menospreciado, y no lo estimamos. -Isaías 53:2-3

Esperábamos realeza debido a su linaje. Iba a ser hijo de David. En cambio, recibimos al hijo de un pobre carpintero. Esperábamos su entrada con pompa y circunstancia. En cambio, recibimos a un hombre callado, alguien que no llamaba la atención a su alrededor. Esperábamos a un hombre guapo y encantador, parecido a Moisés y David quienes eran de hermoso semblante. En cambio, recibimos a un hombre que se mostraba sin atractivo para que le deseáramos. Esperábamos que viviera una vida de tranquilidad y facilidad. En cambio, recibimos a un hombre que no tenía ni donde poner su cabeza para descansar. Esperábamos una personalidad dinámica, abrumadora. En cambio, recibimos a un hombre de dolores, experimentado en quebranto. Tanto así que honestamente podemos decir que conocía el dolor íntimamente.

Soportando Lo Peor

Realmente, ¿Qué tuvo que soportar? Soportó dolores que lo lastimaron. Cuando surgía el tema de su nombre, toda clase de maldad era dicha en contra de Él. Casi ningún hombre podría soportar las heridas que recibió por haber sido azotado. Fueron injustos y abusaron de Él, juzgándolo por algo que no merecía. Siendo afligido en cuerpo y mente, oprimido más allá del extremo, Él no fracasó. Sabía que sus perseguidores lo odiaban porque honestamente creían que Dios también lo odiaba, esto ciertamente pesó grandemente en su mente. La escritura en Hebreos adecuadamente describe lo que soportó:

Un Dia Malo

Sino uno que fue tentado en todo según nuestra semejanza, pero sin pecado.   -Hebreos 4:15

El paso de los años hace más fácil pintar una imagen diferente que la que nos cuentan las escrituras. También hace más fácil racionalizar nuestro fracaso en seguir sus pasos. La verdad es ésta. Hay una y solamente una razón por la cual Él, Jesús, pudo aguantar todo lo que soportó. Y no tiene nada que ver con su deidad. Él pudo soportar semejante dolor porque ni una sola vez en su adversidad, endureció su corazón:

Subirá cual renuevo delante de él y como raíz de tierra seca: no hay parecer en él   -Isaías 53:2

Desde Belén hasta el Calvario, su corazón siempre se mantuvo dentro de los límites de las escrituras. No solamente creció en estatura y en gracia sino también en la ternura del corazón. Entendió las bendiciones de un corazón tierno, ésas que nosotros rechazamos tan fácilmente porque las desventajas pesan más que los beneficios. El beneficio más grande de un corazón tierno, aunque fácilmente puede ser herido y se aprovechan de el, es que nunca, jamás puede ser quebrado. Déjenme decirles por qué. Es más o menos como un pedazo tierno de carne. Puedes golpearlo tanto como quieras con un martillo. A menos que haya sido expuesto al aire y otros elementos, que lo endurezcan, lo más que sacaras de tu esfuerzo será un pedazo de carne bien magullado. De modo parecido, un corazón tierno es uno que está lleno de perdón. Es un espíritu de perdón que ayuda a mantener la amargura completamente afuera. ¿Por qué es tan importante? Porque cuando la amargura llega al corazón ni aún Dios puede penetrarlo, tiene que ser quebrado y luego creado nuevamente para traer honra a Dios. El Rey David entendió este principio cuando le suplicó a Dios que creará un nuevo corazón dentro de él:

Recuerda Al Anciano Ross

Crea en mí, oh Dios, un corazón limpio, Y renueve un espíritu recto dentro de mí.
-Salmos 51:10

Esta petición ante Dios tuvo lugar después de que el profeta Natán expuso su pecado. Después de un periodo de reflexión, David llegó a la conclusión de que su corazón no se podía reparar. Su corazón estaba tan endurecido que hasta la cosa más básica se hizo común en su vida diaria, sin pensarla dos veces. ¿Acaso es de extrañar que David comenzara a suplicarle a Dios acerca de una situación que él mismo no podía controlar? Tal vez la ventaja más grande de tener un corazón tierno es que cuando está lastimado, puede sanarse a sí mismo.

Así que, amados, puesto que tenemos tales promesas, limpiémonos de toda contaminación de carne y de espíritu, perfeccionando la santidad en el temor de Dios.
-2 Corintios 7:1

Esto es posible, porque un santo de Dios, con un corazón tierno siempre tomará el primer paso para humillarse. En su humildad puede poner la culpabilidad a un lado, que a su vez hace que la culpa ya no sea un problema. Tantas tragedias, demandas, divorcios y cosas similares podrían evitarse si tan solo la culpabilidad pudiera ser dejada de lado. Una vez que lleguemos al punto en nuestras vidas en el que podamos aceptar cualquier cosa que venga, a pesar de la culpabilidad, entonces el Señor podrá entrar rápidamente y hacer su trabajo.

Dios resiste a los soberbios, y da gracia a los humildes.
-Santiago 4:6

El Orgullo de Absalón

Si tan solo Absalón, hijo de David, pudiera aprovechar el consejo. Su corazón se comenzó a endurecer cuando permitió que la envidia lo invadiera. Estaba cansado de oír sobre lo estupendo que era su padre. En sus ojos él era tan guapo, inteligente y fuerte, si no más, que su padre y mucho más sabio que lo esperado para sus años. Su envidia produce orgullo e impaciencia. Fue entonces que la amargura comenzó a manifestarse y el caos estalló. Con un corazón que se endurecía cada vez más con cada minuto, Absalón se autoproclamó rey de Israel antes de tiempo. El amor de David hacia Él era tan grande que con mucho gusto le habría dado el trono si tan sólo se lo hubiera pedido. Pero nadie logró que Absalón entrara en razón. ¿Por qué? Porque este hijo caprichoso había endurecido su corazón. Como consecuencia de sus acciones, Absalón escapó no sólo de sus perseguidores, sino de la presencia de Dios.

Mientras escapaba, el cabello de Absalón se enredó en una rama de encina gruesa y se quedó allí suspendido. Como Joab (uno de los valientes de David) lo encontró completamente expuesto e indefenso, el atravesó su corazón con sus dardos mortales, matándolo al instante. Sólo unos cuantos años más y el trono hubiera sido de él. Un corazón endurecido no sólo le costó su herencia a Absalón sino también le costó la vida. Cuando uno endurece su corazón siempre se sentirá a medias sin algo en qué apoyarte. Te quedaras sin protección y Satanás se irá directamente al corazón para robar lo que Dios ha prometido.

Un Punto Débil

En pleno día malo, a causa de la frecuencia e intensidad de los ataques, un corazón se empieza a endurecer muchas veces sin saberlo siquiera. Lamentablemente la mayoría de la gente no se da cuenta de que una sobreabundante cantidad de bendición puede tener el mismo resultado. Aprendí algo acerca de Job que nunca antes había visto en su vida. El orgullo resultó siendo su punto débil. Y fue este defecto de carácter lo que Dios usó para picar a Satanás para que lo atormentara despiadadamente. El Señor necesitaba ablandar su corazón, porque la prosperidad trajo una dureza que al final lo destruiría. El defecto estaba tan bien disimulado y escondido de los ojos de Job, que es difícil comprender que ésta fuera la gran razón por la que Dios permitió que Satán viniera y causara estragos en su vida.

El orgullo de Job es evidente en su oración diaria por sus hijos. Aunque estaba haciendo lo que Dios quisiera que cada padre temeroso de Dios hiciera, lo estaba haciendo por las razones equivocadas.

E iban sus hijos y hacían banquetes en sus casas, cada uno en su día; y enviaban a llamar a sus tres hermanas para que comiesen y bebiesen con ellos. Y acontecía que habiendo pasado en turno los días del convite, Job enviaba y los santificaba, y se levantaba de mañana y ofrecía holocaustos conforme al número de todos ellos. Porque decía Job: Quizá habrán pecado mis hijos y habrán blasfemado contra Dios en sus corazones. De esta manera hacía todos los días.
—Job 1:4-5

En vez de enseñarles a sus hijos cómo orar para que ellos pudieran formar una relación por ellos mismos, él mismo se encargó de cubrir todas las bases con su propia oración personal. Él sabía que Dios nunca le diría que no a él, así que se sintió más cómodo haciéndolo a su manera. Es lo mismo que ocurre cuando nosotros como padres, no queremos darnos el tiempo para enseñarles a nuestros hijos cómo hacer sus quehaceres. Sabemos que no pueden hacer su cama o lavar los platos o cortar el césped tan bien como nosotros podemos, así que en vez de darnos un tiempo extra para ayudarlos a alcanzar cierta habilidad, preferimos hacerlo nosotros.

En realidad, lo que las oraciones de Job demostraban era su impaciencia para hacer lo correcto. Su habilidad de relacionarse con las personas era menos que perfecta y en el caso de sus hijos, no estaba a la altura.

Hubo en tierra de Uz un varón llamado Job; y era este hombre perfecto y recto, temeroso de Dios y apartado del mal.
-Job 1:1

Un Dia Malo

La versión King James también usa la palabra perfecto en lugar de intachable (New King James). Me imagino que esto se debe a que existe la percepción de que Job era completamente perfecto. Si era perfecto o hasta intachable, ¿cómo pude llegar a la conclusión de que Job tenía un defecto que solamente Dios podía ver? Me di tiempo para buscar la definición de la palabra perfecto en la Versión King James, en inglés, y encontré que literalmente significa ser piadoso, una palabra que es usada para demostrar reverencia a Dios. Su reverencia hacia el Señor era impecable, es por eso que cuando perdió todo: sus animales, sus siervos y sus propios hijos, no culpó a Dios.

Entonces Job se levantó, y rasgó su manto, y rasuró su cabeza, y se postró en tierra y adoró, y dijo: Desnudo salí del vientre de mi madre, y desnudo volveré allá. Jehová dio, y Jehová quitó; sea el nombre de Jehová bendito. En todo esto no pecó Job, ni atribuyó a Dios despropósito alguno. -Job 1:20-22

Por otro lado, su manera de tratar a la gente dejaba mucho que desear. Un hombre que nunca ha experimentado sufrimiento, tiene intolerancia hacia la gente que está sufriendo. Él cree que ellos se lo han buscado y el usar su propia vida como un ejemplo comprueba que lo que está diciendo es verdad. No hay misericordia ni compasión y juzga rápidamente. Y aunque tiene la habilidad de ayudar en cualquier manera que sea necesaria para sacarlos de su confusión, él se niega porque siente que Dios solamente les está enseñando una lección. No me parece que lo que creo acerca de Job sea demasiado improbable. ¿Acaso en su experiencia cristiana, nunca se han encontrado con alguien que es un gran adorador? ¿Alguien que parece hacer todo lo correcto en Dios? Saben a quiénes me refiero. A distancia, nos inspiran tocar a Dios de la manera que ellos lo hacen. Intentamos diseñar nuestras vidas exactamente como la de ellos, imitando cada uno de sus movimientos, hasta que los conocemos personalmente. Luego descubrimos que como no parecemos estar en el mismo nivel espiritual que ellos ni siquiera nos prestan atención. Menospreciándonos todo el tiempo, los dejamos sintiendo un gusto amargo en nuestras bocas. Así era Job.

Yo también caí en esta trampa mientras estaba en el punto más alto en que Dios me estaba usando milagrosamente. Si la gente no seguía el programa mientras que yo estaba ministrando, la mayoría de las veces los ignoraba. Cuando cuestionaban mis métodos del ministerio (a veces son bastante extraños) me ofendía su audacia. ¿Quiénes eran ellos para decirme que estaba bien y que estaba mal? El Espíritu de Dios fluía por medio de mí, no por ellos. Así que lo tomaba como ataques personales, ataques que terminantemente estaban dirigidos hacia mí para derribarme. Más o menos tomé la mentalidad de, yo contra el mundo, porque yo fui uno de los primeros en nuestra organización de ser usado por Dios en tal manera. Es asombroso lo que un día malo puede hacer con el orgullo de uno mismo. Mientras que a Satanás se le permitió golpearme desde cada ángulo posible, mi desesperación por intentar encontrar ayuda solamente aumentó mi conciencia del dolor que la mayoría de la gente estaba sufriendo. Por primera vez, entendí verdaderamente por qué las personas que esperaban una oración estaban tan ansiosas de que yo las eligiera de entre la muchedumbre y que ministrara sus diversas necesidades. La forma en la que dirijo cuando ministro es algo único, en su mayoría porque es en forma individual. Porque me encargo solamente de aquellos que Dios ha seleccionado personalmente, tarda una enorme cantidad de tiempo. Entiendo que formar una fila para tratar con todas las necesidades es más o menos lo que se espera y al principio eso es lo que hacía. Pero después de años de ver que había más gente que no recibía de Dios a comparación de los que sí recibían, cambié mi método. Puede que de esta manera no alcance a multitudes debido a la falta de tiempo, pero por otro lado todos los enviados por Dios reciben siempre su respuesta.

Cuando todo el polvo se asentó y las lecciones que Dios necesitaba enseñarle a Job están completas, sus palabras y actitud cambia.

De oídas te había oído; Mas ahora mis ojos te ven. Por tanto me aborrezco, Y me arrepiento en polvo y ceniza.

-Job 42:5-6

La Nueva Percepción De Job Con Respecto a Dios

Tan bendecido como era este hombre de Dios, su visión del Señor estaba completamente distorsionada. Hasta el momento de su día malo, él solamente había escuchado sobre las varias formas en las que Dios proveía a sus otros hijos. Pero al lograr salir de la experiencia más dolorosa que un hombre puede soportar sin morir, su visión de Dios cambió drásticamente. A través de su sufrimiento comenzó a conocer al Dios de consuelo. Sus penas lo trajeron cara a cara con el Dios de compasión. Sus pérdidas personales, siendo la más grande de ellas sus hijos, le habían permitido entrar en contacto con el Dios de restauración. Cuando la pesadilla se oscureció más y su esposa le reprochó para que maldiga a Dios y muera, en medio de la tormenta el Dios de paz discretamente calmó su agitada alma. Tantos atributos de Dios que habían estado escondidos a causa de tantas bendiciones. ¿Cómo podría Job saber que Dios tenía una gran cantidad para proveer de la que él ni siquiera estaba conciente? Su nueva percepción de Dios, con un corazón tierno otra vez en su lugar, le permitió que se humillara ante la presencia de Dios.

Por tanto me aborrezco, Y me arrepiento en polvo y ceniza.

-Job 42:6

Habiendo dado una vuelta de 360 grados y dándose cuenta de lo que estaba mal en su vida y teniendo la buena voluntad de cambiar, comenzó su periodo de restauración en el punto cero. No hay mucho detalle acerca del proceso que experimentó para volver al nivel de prosperidad en el que había estado antes de su día malo. Pero por medio de las escrituras tengo una buena idea de cómo fue su experiencia, una parecida a la mía.

Pero los que esperan a Jehová tendrán nuevas fuerzas; levantarán alas como las águilas; correrán, y no se cansarán; caminarán, y no se fatigarán. -Isaías 40:31

El período de restauración para alguien que ha experimentado un día malo se relacionará con la renovación de las propias fuerzas a través de las caminatas. Sé que las escrituras mencionan que es posible levantar alas como las águilas y sé que a nosotros como pentecostales nos encanta volar. Por supuesto que si eso no es posible, no hay nada malo en correr, especialmente si se tiene la habilidad de correr todo el día entero sin estar cansados. Pero la última parte de la escritura, es una a la que no le cogemos mucho gusto. En nuestros ojos, el caminar está reservado para los lisiados, para los ancianos o los nuevos convertidos en Cristo; es lo que se hace en Dios cuando uno no puede hacer nada más. Pero el Señor en su sabiduría entendió de qué se trataba un día malo. Y porque más o menos todas las fuerzas, talentos, dones, posesiones, relaciones y similares de ustedes habían sido dañados un tanto o completamente destruidos, su resistencia a la adversidad es muy, muy baja. Aunque Dios está con nosotros en cada paso del camino, nos encontramos tropezando hasta con la cosa más insignificante. Tomará mucho tiempo y paciencia volver adonde habíamos estado. La tentación de querer correr y volar siempre estará en el fondo de nuestras mentes.

Físicamente, este año ha sido el más difícil. Al tener que lidiar con los efectos secundarios del polio toda mi vida, han habido muchas cosas de las que he tenido que restringirme de hacer. A causa de esto, mi habilidad para correr relajadamente (soy muy lento para correr rápidamente) es algo que he apreciado en gran manera. Pero este año ha sido diferente.

Diversos dolores han atormentado mi cuerpo, incluyendo dolores en mis piernas. Después de varios análisis, los doctores aún no están seguros qué está causando que mi pierna derecha pierda masa muscular. Podría ser cualquier cosa, desde neuropatía provocada por mi diabetes hasta síndrome pos polio, que parece ser la enfermedad regresando al cuerpo después de haber estado latente por muchos años. En este momento, no puedo bajar corriendo las escaleras ni tampoco puedo correr relajadamente, lo cual había estado haciendo por más de 30 años. Los doctores me han animado a que camine. ¡Dios!, cómo odio caminar. Es tan aburrido y honestamente en este momento, con los dolores en mis piernas, parece que duele aún más que cuando corría relajadamente.

Comparaciones Espirituales

Yo creo que el Señor solamente está asemejando físicamente el proceso de restauración que está intentando llevar acabo espiritualmente. Caminar con el Señor a diario a veces puede ser aburrido. Procesar todo lo que me sucede entra en la categoría de rutinario. En la medida en que he intentado forzarme a correr tanto espiritualmente como físicamente, ha habido muchas caídas. Finalmente, el Señor tuvo que ayudarme a entender lo que estaba haciendo en mi vida para ayudarme a que no me lastimara durante este tiempo de espera, limitándolo a solo caminar.

Mas el Dios de toda gracia, que nos llamó a su gloria eterna en Jesucristo, después que hayáis padecido un poco de tiempo, él mismo os perfeccione, afirme, fortalezca, y establezca.
-1 Pedro 5:10

Todo este proceso de perfeccionar, afirmar, fortalecer, y establecer solamente puede empezar después de que hayamos sufrido durante un tiempo. El Señor sabe que después de un período de sufrimiento, con la actitud correcta, grandes cosas pueden ser creadas. Es triste pensar que de las tantas cosas

Recuerda Al Anciano Ross

que Dios es, raras veces lo vemos como Creador. Más importante es el hecho de que Él es un re-creador en nuestras vidas. Es su forma de tomar una situación mala y negativa y darle la vuelta completamente. Entonces puede darnos una bendición que ni siquiera podremos contenerla. Pero Él elige períodos extendidos de tiempo para moldearnos, más o menos de la misma manera que un buen cocinero prepara una deliciosa comida.

Se Inicia El Proceso

Él comienza con perfeccionar. No se parece en nada a como suena porque nuestras vidas no se vuelven completamente perfectas. De hecho, lo que Dios hace para nosotros es que Él completamente y a fondo repara, cura y restaura nuestras vidas. Podemos contar con su perfecto modo de obrar, para hacer que todo lo malo en nuestras vidas se corrija. Todo tiene que ver con Él, no con nosotros. Cuando Moisés recibe su llamado de Dios, él inmediatamente demuestra su carnalidad. No solamente se movió antes de tiempo sino que intentó resolver un problema espiritual de una manera física. Dependiendo de su educación egipcia y conocimientos, solamente empeoró el problema y estuvo forzado a huir. Resultó ventajoso para Dios, porque en el desierto, lejos de cualquier influencia egipcia, Dios tuvo oportunidad de repararlo, curarlo y restaurarlo. Las lecciones que aprendió después de 40 años de silencio no son reveladas a nosotros en escrituras. Creo que son muy personales, sin embargo surten un efecto profundo, tanto así que hay un cambio completo en su vida. Deshacen su perspectiva mundana para que pueda pensar como Dios.

La próxima etapa con la que Dios comienza a lidiar en nuestras vidas es una que nos establecerá. Según el diccionario Strong, ser establecido significa dar la vuelta en una dirección segura y distinta. Por supuesto que es Dios el que nos dirige en la dirección correcta para guiarnos hasta el fin de nuestro destino. Ni siquiera nuestros defectos, fracasos o faltas pueden detener el poder de Dios para que tengamos éxito porque es en nuestra debilidad que nos hacemos fuertes. Moisés era bastante aprensivo para responder al llamado de Dios porque ante sus ojos no era lo bastante bueno. Sin duda la incapacidad de hablar era razón suficiente para negarle la entrada a la fraternidad de los que son usados poderosamente. El problema era que Dios no estaba buscando perfección sólo su mejor esfuerzo. Aún cuando nuestro mejor esfuerzo no es lo suficientemente bueno, Dios sabe cómo compensar la diferencia mediante el poder de su Espíritu. El apóstol Pablo podía identificarse con Moisés en que debido a que no caminaba con Jesús cuando estaba vivo, se sentía incompetente para ser llamado un apóstol. Entonces el Señor compensó las cosas escondiendo a Pablo en el desierto y lo que no sabía a través de experiencia personal, Dios lo dio a conocer en revelación personal. Pablo estaba listo para ser dirigido en la dirección correcta sin nada que se lo impidiera. Cuando Moisés reconoció sus debilidades, también creyó que Dios compensaría la diferencia. El Señor tuvo la oportunidad de dirigirlo en la dirección de Egipto para rescatar a su pueblo.

El proceso continúa cuando somos fortalecidos por Dios. De nuevo por definición, Strong dice que ser fortalecidos por Él significa que somos confirmados por conocimiento espiritual y poder. Hay una gran diferencia entre el ser dirigido en la dirección correcta y demostrar el poder de Dios. Cuando el llamado de Dios llegó a Moisés, el Señor le pidió que usara solamente lo que ya tenía, su vara y su cayado. ¿Cómo podrían ser eficaces las herramientas de un pastor contra el Rey más poderoso del mundo? Pon cualquier cosa en las manos de Dios y observa cómo aniquila la competencia.

Sino que lo necio del mundo escogió Dios, para avergonzar a los sabios; y lo débil del mundo escogió Dios, para avergonzar a lo fuerte;...a fin de que nadie se jacte en su presencia.
-1 Corintios 1:27, 29

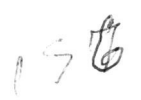

Una vez que Moisés confió en Dios con su obediencia, el poder de Dios fue desatado, confirmando su llamado con señales y prodigios. Dios siempre honra la fe. Es la fe la que mueve el cielo no la necesidad. Pero Satanás siempre da la pelea. Porque Satanás nunca se da por vencido fácilmente, él usó a los magos del Faraón para duplicar las maravillas de Dios. Moisés no estaba impresionado y continuó obedeciendo la voz de Dios. A medida que las plagas crecen en intensidad, Dios no puede ser burlado. Sin embargo, después de la tercera plaga el Señor se asegura de que solamente los egipcios sufran con las plagas que siguen. Esto confirma que sí hay una diferencia entre el pueblo de Dios y aquellos que no le conocen. Dios nunca había usado a un hombre tan poderosamente como lo hizo con Moisés, ante el que confirmó su llamado con señales y prodigios.

La etapa final concluye cuando nosotros nos establecemos, de forma muy parecida a como el hormigón se asentó para formar un gran cimiento. Dios nos forma a su propia imagen y semejanza. A estas alturas estamos firmes y constantes (1 Corintios 15:58) y un vaso de honra (2 Timoteo 2:20), uno del que puede presumir. Aunque agradecido de que Dios se haya dado el tiempo para ayudarme a comprender lo que está tratando de hacer en mi vida en este momento, la mayoría de las veces todavía me odio a mi mismo. No puedo creer las cosas que me suceden y hacen que caiga tan fácilmente. A veces estoy completamente avergonzado por mi falta de resistencia y me siento casi de la misma manera en que me sentí cuando por primera vez vine a servir a Dios. ¿Cómo es posible que Él soporte tanta inmadurez y falta de disciplina cuando lo he conocido por tanto tiempo?

No quebrará la caña cascada, ni apagará el pábilo que humeare;...   -Isaías 42:3

Se necesita un esfuerzo mínimo para quebrar la caña cascada, quizás aún menos para apagar el pabilo que humeare. Aún así, el Señor ni siquiera intentará hacer eso

Un Dia Malo

porque su deseo final es darnos vida y vida en abundancia. Él sabe que para que nosotros recuperemos todas nuestras fuerzas, diariamente se nos da alternativas para que podamos continuar tomando las decisiones correctas.

> *Y si mal os parece servir a Jehová, escogeos hoy a quien sirváis...*
> -Josué 25:15

Sabiendo que la peor parte de mi día malo ya había pasado, estaba ansioso por ver cómo las cosas regresan a la normalidad. No era posible que ahora las cosas empeoraran más, eso pensaba yo. Estaba a punto de darme cuenta que el escribir este libro traería consigo diferentes tipos de presiones, unas que resultarían ser mucho mas agobiadoras que lo que había experimentado en los últimos cinco años. Después de un par de meses empecé a deleitarme en la idea de que algún día no muy lejano, durante el año, el Señor iba a llevarme a mi morada. Traté de comenzar a preparar a mis hijos dejándoles insinuaciones leves, pero ellos no querían participar en esto en lo absoluto.

El dolor crónico en mi cuerpo sólo me hacía más miserable, lo que me convirtió en un llorón de primera clase ante el Señor. Todo llegó a un punto decisivo en junio cuando Dios decidió llamarme a la alfombra. Estaba predicando en un avivamiento de tres días en una iglesia local, cuando un dolor horrendo, que sentí en el área del estómago, no me permitió terminar. Durante los siguientes tres días el dolor empeoró, pero Dios me dio la seguridad de que no se trataba de la muerte. Por fin, en el tercer día, un poco después de la medianoche fui al baño pensando que si tan sólo pudiera tener una evacuación intestinal, podría regresar a la cama para seguir aguantando el dolor. Es entonces que el Señor me habló más claramente de lo que le había oído en el pasado. Él dijo, "Durante bastante tiempo me has estado pidiendo morir y esta noche te voy a dar a elegir. Tan sólo di la palabra y por la mañana estarás conmigo en el Paraíso."

Comencé a considerar la oferta que se me había hecho y no podía creer que Dios estuviera respondiendo a mi petición. En realidad no quería ni pensar en esto porque estaba listo para irme.

Pero la presencia del Señor empezó a abrumarme y empecé a recordar que ni siquiera había intentado escribir este libro. Entonces empecé a pensar sobre cómo mis hijas no estaban sirviendo a Dios en este momento. ¿Quién las ayudaría a volver a la gracia de Dios? Por fin, mis pensamientos se volvieron a mi hijo Timothy, el único que permaneció conmigo contra viento y marea. Mi muerte verdaderamente le afectaría a él más adversamente que a nadie más. Así que tímidamente llamé al Señor diciéndole que había decidido quedarme exactamente donde estaba. Fue entonces que con cariño Él dijo esta frase,"Recuerda al Anciano Ross". Inmediatamente desperté a mi hijo y le dije que necesitábamos llegar a la sala de urgencias lo más pronto posible. El mensaje de Dios tuvo tanto sentido porque el anciano Ross murió de una apéndice rota. Era el primer maestro de piano de mi esposa, quien decidió ignorar los dolores que estaba sintiendo en el área derecha del estómago.

Cuando por fin fue al hospital era demasiado tarde para él y el veneno ya le había causado daño, matándolo. Después de varias horas y de haber sido sometido a varios análisis fui diagnosticado con un apéndice roto. Me ingresaron al hospital con la intención de drenar el fluido con la ayuda de un estudio tomografito. Me informaron que una vez que se hiciera el examen de tomografía, un catéter sería introducido en el área durante varios días. Lo que realmente pasó fue que una vez que el fluido fue drenado, Dios milagrosamente me sanó. No necesite el catéter y me permitieron irme a casa después de dos días. Cuando le pregunté al doctor por qué pude irme a casa más temprano de lo esperado, lo único que pudo decir es que había sanado más rápido que los demás. Les pregunté que si el apéndice de hecho se había reventado. Él dijo que no. Pregunté, ¿entonces qué era el fluido que habían sacado? Él respondió que no sabían. Lo único que me estaba pidiendo era que regresara en 2 meses para que me sacaran el apéndice. Sí, como no.

Cuando pasamos por momentos difíciles solemos pensar que no tenemos alternativas. A veces sólo tenemos que buscar con mayor profundidad y esfuerzo para que Dios nos explique lo que debemos hacer. Mientras tanto, podemos depositar nuestra esperanza y confianza en aquel que nos ama más que nadie, el Señor Jesucristo. Y mientras depositamos esa confianza en el Señor, podemos decir como dijo el Salmista:

Más yo esperaré siempre, Y te alabaré más y más...
-Salmos 71:14

Books Available in English

Libros Disponibles En Español

George Pantages Ministries

George Pantages
Cell 512 785-6324
geopanjr@yahoo.com
Georgepantages.com